广西全民阅读书系

广西全民阅读书系

[苏] 米·伊林 著

黄丽敏 雷海巍 译

# 书的故事

小学版

广西出版传媒集团　广西科学技术出版社

**图书在版编目（CIP）数据**

书的故事 /（苏）米·伊林著；黄丽敏，雷海巍译 .-- 南宁：广西科学技术出版社，2025.4.-- ISBN 978-7-5551-2479-5

Ⅰ .H12-49

中国国家版本馆 CIP 数据核字第 2024NN8332 号

SHU DE GUSHI
书的故事

总 策 划　利来友

监　　制　黄敏娴　赖铭洪
责任编辑　朱　燕
责任校对　何荣就
装帧设计　李彦媛　黄妙婕　杨若媛　韦娇林
责任印制　陆　弟

| | |
|---|---|
| 出 版 人 | 岑　刚 |
| 出　　版 | 广西科学技术出版社 |
| | 广西南宁市东葛路 66 号　邮政编码　530023 |
| 发行电话 | 0771-5842790 |
| 印　　装 | 广西民族印刷包装集团有限公司 |
| 开　　本 | 710mm × 1030mm　1/16 |
| 印　　张 | 11.5 |
| 字　　数 | 75 千字 |
| 版次印次 | 2025 年 4 月第 1 版　2025 年 4 月第 1 次印刷 |
| 书　　号 | ISBN 978-7-5551-2479-5 |
| 定　　价 | 29.80 元 |

如发现印装质量问题，影响阅读，请与出版社发行部门联系调换。

# 探索书籍世界的奇妙之旅

　　在人类文明的长河中，书籍宛如一座璀璨的灯塔，照亮了我们前行的道路。而苏联科普作家米·伊林的《书的故事》，则为我们打开了一扇了解书籍发展历程的大门，引领我们踏上一场充满趣味与知识的奇妙之旅。

　　米·伊林于 1895 年出生在乌克兰的一个工程师家庭。优渥的家庭环境为他提供了良好的学习条件，从小伊林就对周围的世界充满了好奇。他广泛阅读各种书籍——无论是文学作品还是科普读物，都如饥似渴地汲取其中的知识。这种对知识的热爱和追求，贯穿了他的一生，也为他日后成为杰出的科普作家奠定了坚实的基础。

　　伊林的成长经历并非一帆风顺。在他求学期间，社会动荡不安，但这并没有阻挡他对知识探索的脚步。他进入彼得格勒工学院学习，然而，他对文学和科普创作的热情却日益高涨。在学校里，伊林不仅专注于专业课程的学习，还积极参与各种文学社团活动，锻炼自己的写作能力。他尝试用生动有趣的语言来解释复杂的科学现象，逐渐形成了自己独特的写作风格。

《书的故事》是伊林众多作品中极具代表性的一部。这本书以独特的视角和通俗易懂的语言讲述了书籍的起源、发展和演变过程。从远古时期人们用结绳记事、在兽骨和石头上刻画符号，到后来发明了纸张和印刷术，书籍的形态和传播方式发生了翻天覆地的变化。伊林通过讲述一个个生动的故事，让读者仿佛穿越时空，目睹了书籍在人类历史长河中的发展轨迹。

在书中，伊林不仅介绍了书籍的物质形态变化，还深入探讨了书籍与人类社会的紧密联系。他指出，书籍是人类智慧的结晶，每一本书都承载着作者的思想和情感，是人类文明传承的重要载体。从古老的手抄本到现代的电子书，书籍的形式虽然在不断改变，但它所蕴含的知识和价值却始终如一。

伊林的写作风格是《书的故事》的一大亮点。他善于运用比喻、拟人等修辞手法，将抽象的概念形象化，使读者易于理解。例如，在描述印刷术的发明时，他把印刷机比作一个神奇的"复制机器"，能够快速地生产出大量相同的书籍，让知识得以更广泛地传播。这种生动有趣的表达方式，让读者在轻松愉快的氛围中学习到了知识，感受到了书籍的魅力。

《书的故事》不仅仅是一本关于书籍历史的科普读物，更是作者对知识的热爱和对人类文明传承的深刻思考的体现。伊林用自己的成长经历和创作实践，向我们展示了一个科普作家的责任和使命——用生动有趣的方式传播知识，激发读者对世界的好奇心和探索欲。

通过阅读《书的故事》，我们不仅能够了解书籍的发展历程，更能从中汲取智慧和力量。它让我们明白，书籍是人类最宝贵的财富之一，无论时代如何变迁，我们都应该珍惜书籍，热爱阅读。

米·伊林（1896—1953 年）

# 目　录

# 附录

## 中国书籍的故事

# ·上篇·

【导读】

你是否好奇，在纸张还未诞生的远古时代，人类如何记录重要的信息？那些最初的"书"是什么模样？它们又经历了怎样的演变，才逐渐成为我们如今熟悉的样子？从原始人类用简单的符号在兽骨、石头上留下的印记，到古埃及人在莎草纸上书写的神秘文字；从古希腊人珍贵的手抄书卷，到中世纪欧洲修道院中那些凝聚着抄写员心血的精美典籍……米·伊林，这位独具匠心的科普作家，将用他生动而富有想象力的笔触，带我们穿越时空，领略书籍在漫长岁月中留下的每一个深刻足迹。

在这趟充满趣味与惊喜的知识之旅中，我们将不再把书籍仅仅视为获取知识的工具，而是去发现它们背后所蕴含的人类创造力、坚韧精神，以及对知识传承的不懈追求。每一页书都承载着一段独特的历史，每一回阅读都是一次与过去的对话。

第一章

# 活体书

世界上的第一本书是什么样的？是印刷出来的还是手写的？是用纸做的，还是其他材料做的？如果这本书现在还在，会在哪个图书馆里？

据说，曾经真的有一个"愚公"，他找遍了全世界的图书馆，只为找到世上第一本书。日复一日，他在那些泛黄发霉的旧书堆里翻找，衣服和靴子上都覆满了厚厚的灰尘，就像是刚从尘土飞扬的道路长途跋涉归来。最终，他从靠在书架上的高梯子上摔了下来，不幸身亡。但即使他能再活一百年，他的搜寻也注定是徒劳的。因为早在他出生的数千年前，那第一本书早已腐朽在土里，化为乌有。

世界上第一本书和现在的书一点也不像。它不会静静地躺在书架上，它有手有脚，还能说会唱。简而言之，它是一本活体书——一个活生生的人。

那时候，人们还不会写字，但他们的记忆力可比我们强多了。有些老人实际上就是活体书，他们会讲古老的神话故事，那些故事是他们在童年时听来的。这些人终会逝去，但他们讲的故事代代相传，父亲讲给儿子听，祖父讲给孙子听……这些故事在口口相传中发生了变化，有添加的地方，也有遗漏的地方。就像流水打磨石头一样，时间也打磨了这些故事。比如一个勇敢酋长的传说，后来就变成了一个巨人的神话——这个巨人不怕箭和矛，他还能化作一头狼，穿梭于密林之中，也能化作一只雄鹰，翱翔于苍穹之上。

在当今世界的一些偏远角落，依然有一些老人会讲故事，他们讲述着那些没有文字记载的关于巨人的神话传说。

很久以前，在古希腊，人们常常吟诵诗歌《伊利亚特》和《奥德赛》，这些诗歌讲的是希腊人和特洛伊人打仗的故事。又过了很久，这两个传奇故事才终于有了文字记载。

一位吟唱者，或者古希腊人所称的吟游诗人，常常是一场盛宴上最受欢迎的宾客。宴会上，吟游诗人背靠一根高高的圆柱坐着，头顶上挂着一把七弦琴。宴会进入尾声之时，大木餐

古希腊吟游诗人

盘里的肉、篮子里的面包都被扫空了，双耳金杯也被收走了，宾客们吃饱喝足了，现在大家渴望听到演唱的时候到了。这时，吟游诗人取下他的七弦琴，拨动起琴弦，唱起伟大的故事，有足智多谋的奥德修斯①，还有英勇善战的阿喀琉斯②……

吟游诗人的演唱固然精彩，但我们的书更胜一筹。只需要一美元甚至更少的钱，我们就可以买到一本《伊利亚特》，还能轻松将它揣到口袋里。这本书什么都不需要，不需要食物和水，也不会生病老去。

这让我想起了一个故事。

## 活体图书馆的故事

从前，罗马城里住着一位名叫伊台里厄斯的富人。关于他惊人的财富，流传着许多说法。据说，伊台里厄斯的宫殿非常之大，大到能容纳整个罗马城的人。每天都有约三百个人围坐在他的餐桌旁，都是罗马最杰出、最博学的公民。他吃饭的餐桌也不只一张，而是足足有三十张，上面都铺着华丽的金丝锦缎桌布。

伊台里厄斯用最美味的食物招待客人。然而这还不够，当

---

① 奥德修斯：《奥德赛》的主角，古希腊神话中的英雄，以足智多谋著称。他在特洛伊战争后经历了漫长的旅程，最终回到了家乡。

② 阿喀琉斯：出自《伊利亚特》，古希腊神话中的另一位英雄，以勇敢和战斗力强闻名。他参加了特洛伊战争，除了英勇无比，他也因致命的脚踵弱点（阿喀琉斯之踵）而闻名。

时的习俗不仅是要用美味的食物招待客人，在餐桌上还要有高雅风趣的谈话。那时候书籍已经存在，都是手抄的。很多人会花大量时间看这些手抄书，因为这样一来，在晚宴上就可以凭借有趣的故事和幽默的对话，受到其他宾客的仰慕。

伊台里厄斯什么都不缺，唯独缺少一样东西——教育。他几乎不识字。那些乐意接受他宴请的人，背地里都在取笑他。他无法参与餐桌上的对话，即使好不容易插上一句，也会发现客人们对他毫不掩饰地嘲笑。

这点他没有办法忍受，但他又太懒了，不愿意长时间坐着看书。他做事从不肯下苦功夫。他想了很久要怎么解决这个问题，最后终于想出了一个办法。他命令管家从众多的奴隶中选出两百个最聪明的、最有学识的奴隶，并要求每个奴隶背诵一本特定的书，比如一个要背《伊利亚特》，另一个则要背《奥德赛》。

这可让管家犯了难。为了执行伊台里厄斯的命令，他不得不多次鞭打奴隶。这下，伊台里厄斯终于不用费尽心思了，也不用自己读书了，因为他有一个活体图书馆了！晚宴上，当谈话时间又到来时，伊台里厄斯只要示意一下管家，这时候，围着墙边站立、静静列队的奴隶中，就会有一个走出来，背诵一段适宜的内容。这些奴隶就以各自所熟背的书的书名来当作名字，如伊利亚特、奥德赛、埃涅阿斯纪等。

伊台里厄斯和他的活体图书馆

伊台里厄斯的活体图书馆成了罗马城中茶余饭后的谈资，这让他非常满意。但好景不长，有一天，突发的意外让这位不学无术的大富豪成了整座罗马城的笑柄。

这天晚餐后，谈话一如既往地转向对学问的讨论。他们谈论起古人是如何设宴的。

"《伊利亚特》里有一段著名的描写。"伊台里厄斯一边说着，一边示意管家。

但管家没有像往常一样示意奴隶上前，而是跪倒在地，因恐惧而声音颤抖地说道："请您饶恕，我的主人，伊利亚特今天肚子疼！"

　　这是发生在两千多年前的事情。然而直至今天，尽管我们已经有了很多图书馆，但仍然无法完全离开活体书。

　　如果我们能从书上学到一切，就不需要去上学，也不需要老师来给我们讲授知识和解释问题了。然而，有不懂的地方，我们无法向一本书提问，却总是可以向老师请教。

　　活体书对我们依然有用，但活体信已没有什么实际作用了。古时候，人们还不会书写，自然也没有现在常见的邮递员。如果需要传递重要消息，他们就会派出一个信使，让他逐字逐句地复述他被告知的内容。

　　如果我们用古代的信使代替现代的邮递员会怎么样呢？事实上，很难找到一个人能每天记住数百封信的内容。即使真有这样的人，这种方式也难以奏效。假设某一天是约翰·史密斯的生日，一个信使上门来，正在等客人的约翰亲自开门。

　　"有什么事吗？"

　　"我给您带了一封信，这封信的内容是：亲爱的史密斯先生，生日快乐，祝您年年有今日，岁岁有今朝！你结婚多久了呢？今天中午十二点出庭。我希望你能经常来看看我们……"

　　约翰肯定会惊讶得不知道说些什么。而那个可怜的信使，脑子里混乱地记着几百封信的内容，就像一个上了发条的机器一样不停地胡言乱语。

第二章

# 记忆辅助工具

　　我认识一位性格温和、乐于助人的老人。光看他的外表，你绝对想不到他已有八十多岁了。他的双眼炯炯有神，脸颊红润，走起路来像个年轻人一样轻快。

　　他一切看起来都不错，除了……记性越来越差。他经常出了门后就忘了自己要干什么。他一直都记不住别人的名字，哪怕我已经认识他很久了，他还是会经常叫错我的名字。

　　如果你拜托他帮你做件什么事，他会一遍又一遍地问你，试图牢牢记住。为了确保不忘记，他会在手帕上打个结来提醒自己，所以他的手帕上总是系满了结。然而，这些结对他一点帮助都没有。一拿出手帕，上面有十多个结，可他完全不记得这些结分别代表什么。我想，即便是记忆力最好的人，面对这样"写"出来的"书"也会感到困惑难解。

　　如果这位老人系的是不同的结，而且每个结代表一个特定的字母或单词，那情况就不同了，任何一个人都可以帮助他解读这些记忆结。

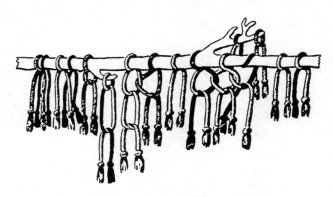

结绳文字

事实上，人类在学会书写之前，也曾经用这种绳结来记事。在古代，中国人就是这样"写字"的，古波斯人和墨西哥人也是如此。南美洲的秘鲁居民尤其擅长"写"这种复杂的结绳文字。即使在今天，我们有时还能在秘鲁找到一些懂得结绳语言的牧羊人。

绳结越靠近它所绑的棍子，其所指代的事情就越重要。不同颜色的绳结代表不同的含义，黑色代表死亡，白色代表银器或和平，红色代表战争，黄色代表黄金，绿色代表谷物。如果绳结没有颜色的话，那代表的就是数字，单结代表十位，双结代表百位，三结代表千位。

要读懂这样一封信可不容易，你得留意绳子的粗细、结的打法和排列方式。就像今天我们的小孩学习英文字母表一样，那时候的秘鲁儿童也都要学习绳结字母表。

另外一些印第安人，像休伦人和易洛魁人，却不用绳结，而是用不同颜色的贝壳当作文字。他们将贝壳锯成小平珠，然后用绳子串起来，还用一条条串珠做成贝壳珠带。在这里，黑色同样代表着不吉祥——像死亡、厄运、威胁等，白色代表和平，黄色代表黄金或贡品，红色代表战争或危险。这些颜色的象征意义一直延续至今。像过去一样，白旗仍然象征和平，黑旗则象征哀悼，而红旗则象征反抗。

又如，海军用不同旗帜组成了一个完整的字母表。这样，船只之间就可以通过系在桅杆上的旗帜来传递信号了。

那铁路上的信号又是怎么传递的呢？同样地，那些颜色也保留了原有的含义。

要理解那些五颜六色的贝壳的含义并不简单。在过去，每个部落的酋长都拥有一整袋贝壳珠带。每两年，易洛魁部落的年轻男子就会聚集在树林里的一处地方，从学识渊博的部落酋长那儿学习贝壳的秘密。

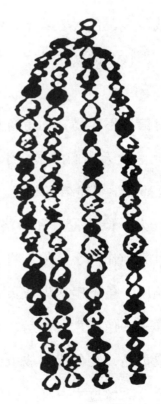

贝壳珠带

当一个印第安部落派遣信使去另一个部落时，就会让信使带着这些彩色的贝壳珠带，印第安人称其为"wampum"（意为贝壳串珠）。

"各位酋长，请看着这些贝壳听我说。"信使说道，然后举起那条五彩斑斓的贝壳珠带，上面闪耀着彩虹般的光彩。接着，他每说一个字，就会指着一个贝壳。

没有口头解释的话，很难理解这些贝壳珠带的含义。假设一根绳子上挂了四个贝壳，白的、黄的、红的、黑的各一个，那么，这封信可能是这样的意思："如果你们愿意向我们进贡，我们就可以结盟；但如果你们不同意，我们就要发动战争，消灭你们。"但也可能解读出完全相反的意思："我们请求和平，并愿意向你们献上黄金；如果战争继续，我们将被毁灭。"

为了避免出错，每个写了贝壳信的印第安人都必须亲自把贝壳珠带交给信使，并大声把自己的信读出来，好让信使记牢了。因此，这样的信还是不能代替人，只能用来提示送信人需要说的话。

还有很多类似的记忆辅助工具。比如，为了计算羊群的数量或手头有多少袋面粉，人们会在木棍上刻痕。现在塞尔维亚的农民仍然用木棍代替账簿和收据。假设一个农民从商人那里赊账买了四袋面粉，他不会写欠条，而是削平一根小木棍，在上面刻下四道大刻痕和一道小刻痕，然后从纵向把棍子劈成两截，一截给了商人，另一截自己留着。

到了要还款的日子，将两截木棍合在一起，刻痕立刻显示出欠款的数目，这样就让人没有办法作假了。

过去，人们也常常在木棍上做标记来记录日子，鲁滨孙·克鲁索在荒岛上用的正是这种日历。而我们或许也都听说过，在美国西部拓荒时代的早期，那些不法之徒每杀死一个人，就会在枪上刻下一道刻痕。

第三章

# 会"说话"的东西

　　只有足够聪明的人才能解读绳结和贝壳所代表的含义。当然还有其他更简单的方法可以用来记录事情和传递信息。例如，如果一个部落想向另一个部落宣战，只需要给对方送去一支矛或一支箭就可以了。因为收到这份带着血腥味的礼物，谁都能明白其中的意思了。

　　如果是表达和平的意愿，部落之间通常会送上烟草和一支烟斗。过去，在印第安人的眼中，烟斗一直是和平的象征。当敌对部落聚集在一起议和的时候，双方的酋长们会围坐在篝火旁。这时，其中一个酋长开始点燃烟斗，吸一口，然后递给旁边的另一个酋长。在一片肃穆中，这支和平烟斗很快传遍整个围坐的人群。

和平的信物

　　在学会书写之前，人们常常用不同的东西来"写"成整封信。古时候，生活在俄罗斯南部的斯基泰人曾经给波斯人寄了一封信，这封信不是用文字写的，而是由一只鸟、一只老鼠、一只青蛙和五支箭组成。

早期斯基泰人的信

　　这一堆奇怪的东西想要表达的是："波斯人！你们能像鸟儿一样飞吗？能像老鼠一样藏进地里吗？能像青蛙一样跳过沼泽吗？如果你们做不到，那就不要试图与我们交战。一旦你们踏进我们的国土半步，我们就会放箭打倒你们。"

　　相比之下，我们现在的信件是多么简单易懂啊！试想一下，如果有一天你收到一个包裹，一看里面没有什么有用的玩意儿，而是只有一只死青蛙或类似的东西，你会怎么想呢？你肯定会认为有人在捉弄你，根本不会想到这不是一个玩笑，而是一封正经的信。

第四章

# 图画文字

如果你有纸和笔，写一封信是很容易的。但如果你既没有纸又没有笔，而是用一堆各种各样的东西，比如箭和烟斗，来代替字母表的 26 个英文字母，那就没那么容易了。假如你想告诉别人，有三个人在打猎的时候被老虎咬死了。你会怎么做呢?

在你手头现有的东西中，不可能有一只活生生的老虎，更不用说有人的尸体了。而且，即便你有，要寄这样一封不同寻常的信，也会有些困难。不过，要是你没办法寄一只活老虎过去，那么寄一幅老虎的画倒不是那么的难。于是，人们开始用图画信来代替实物信。其实，人类很早就掌握绘画的技能了。在长毛猛犸象和北极驯鹿还在如今巴黎和伦敦所在的地区成群出没的时候，人类还住在洞穴里，那时他们就在猎杀的野生动物骨头上雕刻各种图案了。这些洞穴里的画作可能是某种祭祀仪式的一部分。除此之外，我们还发现了其他从远古时代流传下来的图画，我们称之为图画文字。这些图画有些刻在平滑的骨头上，有些刻在树皮上，还有些画在驯鹿皮上。

长毛猛犸象

北极驯鹿

于是，人们不用再寄一支烟斗，而是直接寄一幅烟斗的画；也不用再寄一张弓，而是寄一幅弓的画。这样一来，人们就能够表达出许多东西，但想表达一切东西是绝无可能的。比如说，该怎么画出风、生命、勇敢或幸福呢？

如果我们仔细研究这些古老的图画文字，就会发现人们非常巧妙地解决了这一难题：他们用鼓起的船帆来表示风；用蛇来表示生命，因为当时人们相信蛇能永生；用狮子或鹰来表示勇敢。如果印第安人想要表达一个人很幸福，他们就会在那个人的画像旁画一只乌龟，因为他们认为乌龟能带来好运。而在现代，迷信的人可能会画一个马蹄铁来表达这一意思。

下图就是一封图画信，这是在美国苏必尔湖附近的一处悬崖上发现的。要读懂这封信并不难。5 艘长独木舟，上面载着 51 个人，表示印第安人正在横渡湖泊。骑在马上的人显然是一行人的酋长，带领着他们入侵。代表天空的拱形线下有三个太阳，由此可见，此次入侵一定持续了三天。画中的乌龟和鹰

意味着入侵成功了，这多亏了印第安人的勇敢。那只模样奇怪的动物，有些人认为它是美洲豹，而这其实正是酋长的名字，他们称他为"美洲豹"。底部的蛇表明在这场入侵中无人丧生，代表所有人都平安归来。

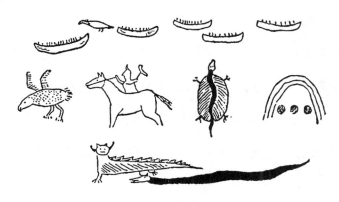

苏必利尔湖附近的岩画

你瞧，我们就是这样把一幅图画翻译成文字的。

一位英国老作家在他的书里讲过这样一个故事，故事中提到一封图画信起到了至关重要的作用。接下来，我将简略地讲讲这个故事——《迷路的探险队》。

"那是1837年，"船长开始说道，"我那时还是个年轻小伙子，正乘着'乔治·华盛顿'号轮船沿密西西比河航行。后来，因为锅炉爆炸，这艘船就沉了。

有一次，在新奥尔良，一伙人登上了我们的船。他们是一支探险队，被派去探索沼泽和森林的，如今那些地方早就消失了，不知去哪儿找了。这支探险队的队员都是些年轻人，充满了活力。只有他们的队长是个中年人，严肃地板着脸。他不喜欢开玩笑，只是坐在一旁，不停地在一个小笔记本上记着什么。一看就知道他是个有教养的人。而其他人就喜欢喝酒、开玩笑、打闹，尤其是那些随行担任护卫的士兵们。

探险队下船后，船上顿时冷清了下来，显得空荡荡的。起初，我们还时常谈起他们，但渐渐地就把他们给忘了。三四个月过去了，具体多久我也记不清了。当时，我在另一艘轮船'美杜莎'号上工作。突然有一天，一位头发花白的老人走到我跟前，问我道：

'你是约翰·吉普斯吗？'

'是的，先生，我正是。'我回答道。

'听说你以前在乔治·华盛顿号上工作，是吗？'

'是的，没错。'我说道，'但您为什么问起这个呢？'

'嗯，'他说道，'是这样的，我儿子汤姆跟着一支探险队乘坐那艘船出发去探险，但后来，他和整个队伍的人都失踪了，至今没有他们的消息。现在我要亲自去找他们，也许我儿子正病倒在某个地方。'

我看着那位老人，很是同情他。如果他进了森林，很有可能会感染热病，还有可能被印第安人射杀而死。

'怎么，您打算一个人去找他吗？'我问他。

'不，'他说道，'我得找个人跟我一起去。你能介绍个愿意跟我一起去的人吗？我会给他丰厚的报酬。如果有必要，我甚至可以卖掉我的农场。'

我想了一会儿，然后对他说：'您要是不嫌弃我，那就出发吧！'

第二天，我们上了岸，备好了干粮，买了枪支和帐篷，还雇了一名印第安人作向导，然后向附近的当地居民打听了一番情况后，便出发了。

我们走了很远的路，具体有多少里我也说不上来。我身体还挺强壮的，但也几乎精疲力竭了。那个地方又潮湿又泥泞。我开始劝老人回去。

'看来我们是走错路了，'我说，'要是那支探险队是从这里走的，肯定会留下些痕迹的。但您看，我们走了这么多天，却连一处营火的痕迹都没发现。'印第安向导也同意我说的话。但就在老人快要放弃时，一个东西又打消了他要回去的念头。你猜是什么？是一枚不起眼的黄铜纽扣。但，也正是这枚纽扣，让老人丧了命。

当时我们在一小片林中的空地里停留，想要休息一会儿。印第安向导和我刚生起一堆篝火，正准备搭帐篷。老人在一个树桩上坐着，突然，他大喊道：'约翰，快看，有枚纽扣！'

我走过去一看，果然有枚纽扣，正是当年士兵们制服上的那种纽扣。老人激动得要疯了，一边看着纽扣一边哭了起来，还不停地说：'这是我儿子汤姆的纽扣啊，他当时衣服上的就是这样的，现在我们肯定能找到他！'

我说：'可您怎么知道这是汤姆丢的呢？当时不是有8个士兵吗？'

'别说了！'老人说，'不要跟我争这些了，我一眼就认出来是我儿子的了！'

我们又继续走了三天。这下，老人说什么也不肯回去了，而我也打消劝他的念头了。不管怎么说，一枚纽扣也算是条线索。

第二天，老人就染上了热病，发起高烧，浑身发冷直打哆嗦，但他就是不肯躺下休息。

'我们得快点啊，'他说，'汤姆还在等我！'

最后，他再也撑不住了，昏迷了过去。我像照顾自己的父亲一样照顾了他两三天——当时我已慢慢地对这位老人产生了感情，但最终也没能救回他的命。一直到死的时候，他手里还紧紧地攥着那枚纽扣。我们把他埋葬在了森林里，然后沿着另一条路返回。而就在这时，仿佛命运在捉弄人一样，我们居然真的发现了探险队的踪迹。起初，只是找到一些营地篝火的痕迹。再往前走，又找到一面小旗。再后来，也是最有意思的，我们找到了一小块树皮。这些年来，我都还一直留着那块树皮……"

正说着，船长就拿出一个小盒子，盒盖上画着一条三桅船。他打开盖子，拿出一小块桦树皮，树皮上面刻着一幅图，就是接下来你看到的这幅：

印第安人的桦树皮信

"这幅画，是探险队里的一个印第安人刻上去的。看上去，当时这支队伍走错了路，在森林里徘徊了很长时间。按照部落的习俗，印第安向导在森林里留下了这封树皮信，以此来告诉后来的人他们的遭遇。信被固定在了一棵显眼的树上，很容易被发现。和我同行的印第安向导给我解释了这封信的内容：图上画着8个人，旁边还有8支枪，代表那8名士兵，汤姆便是其中一个。下面的6个小人是探险队员。拿着长矛的人和抽烟斗的人都是印第安向导。营火的图案标记出了他们曾扎营的地方。图中那只海狸四脚朝天地躺着，意味着其中有一个名叫'海狸'的印第安人在途中去世了。

　　找到这封信后，我决定重新去寻找那支队伍。我们沿着那条路继续往前走，不到一周，就找到了迷路的探险队。

　　哪怕很多年过去了，我每次一看到这块树皮，就会想起那位老人和那枚铜纽扣。"

　　在船长展示的那块树皮上，画着一只四脚朝天的海狸。而在印第安人的墓碑上，也经常会看到上面刻有一些动物的图案，这些动物要么代表逝者的名字，要么象征他所属的部落。比如，这里如果有一块墓石，上面刻着一只驯鹿的图案，从这块石头上的图画，你可以了解埋葬在此的人的生平。显然，他的名字是"飞毛腿驯鹿"或类似的名字。他是一个有名的猎人，以猎杀麋鹿而闻名。驯鹿下面的麋鹿头便表明了这一点。他曾参加过多次侵略和战斗，因为墓碑上的横线记号显示了次数。他参加的最后一场战争持续了两个月——那两轮月亮和一把印第安战斧的图案便是这个意思。他在这场战争中牺牲了，两轮月亮下那只四脚朝天的驯鹿便象征着这一点。而太阳的图案则表明，他是在白天阵亡的。

印第安人墓碑

　　一个原始部落土著的身体往往"写"满了自己的整个生平。许多部落都有用图画来装饰身体的习俗。他们从小就开始在身上作画，等到年老之时，他们看上去更像是一块七拼八凑的拼接布，而不像是一个人。

原始部落土著的文身

他们是这样在身上画画的：先是用一把锋利的小梳子往皮肤上压，忍着疼痛把梳子压进皮肤里，然后在刺入的孔洞中填入烟灰或颜料。

对于居住在波利尼西亚群岛的原始部落而言，文在身上的每一个图案都有着特定的含义。他们胸前所绘的骇人面孔象征着某个神灵，只有酋长才有权使用这一图案。由线条和方块组成的图案表示战士参加过的远征。白色弓形和黑色漩涡的图案则记录了战士战胜敌人的次数。

在我们看来，在自己身上绘图似乎很荒唐。但即使是那些自称文明且受过教育的白人，也有很多像波利尼西亚人那样装饰自己。诚然，他们不在身上作画，可他们会在自己身上佩戴各种标志，比如金色肩章、披肩绶带、星徽、勋章，以及装饰着羽毛和鹰图案的头盔。所有这些装饰都和原始部落土著身上的图案一样，彰显着他们的官职、头衔和军功。

第五章

# 画谜文字

古埃及神庙和金字塔的墙壁上刻满了神秘壁画，学者们倾注了多年心血，试图破解这些未解之谜。其中一些壁画是很简单易懂的，画中描绘了古埃及从事各行各业的人：有手执卷轴、耳后别着芦苇笔的书吏；有贩卖项链、香水、油饼和鱼的商人；有吹制玻璃杯的玻璃工匠；有制作金手镯和金戒指的珠宝匠；还有手持皮革盾牌、整齐列队奔跑在法老战车前的战士。一看到这些壁画，我们便很容易在脑海中浮现出古埃及作坊的模样、集市上人们交易的场景，还有法老仪仗队出行的盛况。

这些壁画直观生动地再现了数千年前古埃及人的生活，人人都能领略其意。但环绕在这些壁画周围的众多图案与符号，其寓意就复杂得多了，至今尚未明朗。

在这些古埃及遗迹上，雕刻着蛇、猫头鹰、鹰、鹅、狮身

埃及古迹上的雕刻

鹰首兽、莲花、人手、人头、蹲坐的人、双手高举的人、甲虫和棕榈叶等图画。这些图画排成长长的行列，就像书上的文字一样。其中还夹杂着各式各样的几何图案，如正方形、三角形、圆形和环形等，种类繁多，不胜枚举。

这些神秘的图画符号就是象形文字，这种文字背后隐藏着数百年的埃及历史和当时人们的风俗习惯。为了破解这些象形文字的含义，学者们绞尽脑汁、费尽心思，但还是没能成功。即便是古埃及人的后裔——科普特人，对此也无能为力，因为他们早已遗忘了祖先的文字。不过，象形文字的神秘面纱最终还是被揭开了。

1799 年，一支法国军队奉拿破仑将军之命，在埃及海岸登陆。这些士兵在罗塞塔城附近挖掘战壕的时候，挖出了一块巨大的石碑，石碑上刻着两种文字的铭文：希腊文和埃及文。这一发现让当时的学者们欣喜若狂！如此一来，他们就有了解开象形文字之谜的钥匙。看来，他们只需要逐一对比希腊文和埃及文，就能发现象形文字的奥秘了。然而，最终等待他们的却是一场失望。

破解象形文字之钥：罗塞塔石碑的出土

当时的学者认为，古埃及象形文字是一种图画文字，每一个图画符号代表一个单词。但当他们试着用希腊语单词逐一对应这些符号时，却发现完全行不通。

就这样，25 年过去了，倘若没有法国学者商博良的研究成果，或许我们至今仍无法读懂这些象形文字。商博良注意到，有些埃及象形文字添加了一个小边框。而在希腊语铭文中，与这些框对应的地方，都写着古埃及法老托勒密的名字。

"托勒密"的象形写法

商博良灵光一现，猜测框中那个词的意思应为"Ptolemy"（托勒密，也写作 Ptolmees）。如果他的猜测无误，那么这些符号实际上代表的就是字母，而非单词。

在下图中可看到这些象形符号所指代的意思。

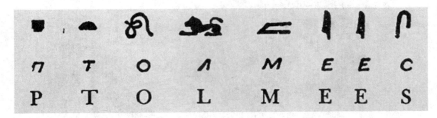

"托勒密"的象形符号及其对应的俄文字母和拉丁字母（从上至下）

但这仅仅是一种猜测。也许这些符号真正代表的含义完全不同。商博良必须找到方法来验证自己的想法。幸运之神眷顾了他。在菲莱岛上，人们发现了一座方尖碑，上面也刻有用希腊文和埃及文对照的铭文。在铭文中，有一个框内的词反复出现。商博良立刻辨认出了这个词中有几个他熟悉的象形符号。他用字母替换这些符号，便得到了以下结果：

菲莱岛方尖碑铭文中被框起来的象形符号

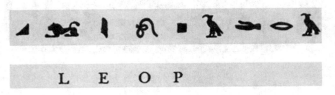

字母与象形符号比对

拿希腊文一对比，商博良欣喜地发现那个地方赫然写着"KLEOPATRA"（克利奥帕特拉，古埃及托勒密王朝最后一位女法老）。这意味着他的猜测是正确的，那些椭圆框里的符号代表的不是单词，而是单个字母。就这样，商博良破译出了10个埃及字母，它们分别代表：p、t、o、l、m、e、s、k、a和r。

然而，当商博良试图借助这些字母来解读那些没有被框起来的词时，却没有取得成功。多年之后，其中的原因才水落石出。原来，古埃及人只用字母来书写名字，其他词则采用各种各样的书写方式。古埃及文字让人联想到一种叫画谜的图形猜谜游戏，在这种游戏中，有些符号代表完整的单词，有些代表单独的音节，还有些仅代表字母。请看下面这个埃及象形文字风格的俄文画谜：

俄文画谜

上面的图画中，有些表示俄文字母，比如直角代表字母"y"（表示"在……处"），叉子代表字母"B"，竖琴代表字母"A"，腿代表字母"H"，针代表字母"И"（BAHИ是个名字，可译作"瓦尼亚"），窗户代表字母"O"（表示"关于"）。另一些图画则用来表示俄文音节，比如蒸汽代表"пар"，马车代表"воз"，双手高举代表"ax"，几个音节连起来是

ПАРОВОЗАХ，意思是"蒸汽火车"。还有些图画可以表示完整的俄文单词，如书的图画就代表单词"книга"，意思是"书"。值得注意的是，图中画了一个正在吃东西的人，但这幅图画的意思并不是"吃"，而是"是"。因此，这个画谜的谜底是：在瓦尼亚家，有一本关于蒸汽火车的书。

古埃及人经常使用这种方法来表示那些无法用其他方式表达的词。以"甲虫"一词为例，古埃及人用"HPR"来拼写这个词（古埃及文字中不写元音，只写辅音）。但是动词"是"的拼写也是"HPR"。因此，每当他们要写"是"这个词时，就会画一只甲虫。

以下是一些古埃及象形文字的示例。

古埃及象形文字

曾经有一段时期，古埃及人也和印第安人一样，用图画来记录文字。不过那已经是很久以前的事了。随着时间的推移，一些图画渐渐开始代表音节，后来慢慢发展成用来代表字母。我们如今所用的字母，正是从这些古埃及字母演变而来的。历经数千年岁月，古埃及象形文字从尼罗河畔辗转传播到了俄罗斯平原。

比起象形文字的解密过程，破译古代波斯文字的故事更加有趣。波斯人就像他们的邻居巴比伦人一样，用小木棍在黏土板上写字。这些笔画呈楔形，因此这种文字被称为楔形文字。

学者们花了多年时间，尝试破解楔形文字，但始终一无所获。他们几乎要放弃探寻这些奇特符号的意义了，就在这时，却突然有了解读楔形文字的线索。这一线索是德国学者格罗特芬德发现的，也正是他破译了这种文字。不过，他所面临的难题是格外棘手的，因为他手头没有任何双语对照的铭文可供参考。

在研究波斯国王的碑铭时，格罗特芬德发现某些词在所有碑铭中频繁出现。他推测这些词的含义可能是"波斯人的国王"或类似的表达。那么，"国王"之前的词可能代表国王的名字，例如"基尔，波斯国王"。

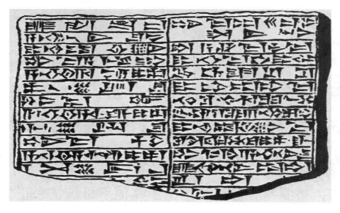

碑铭中的楔形文字

在其中一块碑上的铭文中，有个词是由 7 个楔形文字符号组成的。格罗特芬德把所有波斯国王的名字都想了一遍：基尔、大流士、薛西斯、阿尔塔薛西斯，然后试着用这些名字去替换那些楔形文字符号。结果发现，大流士这个名字用古波斯语写作"Darivush"（实际的古波斯语发音：da-a-ra-ya-va-u-sha），恰好也是 7 个音节，与楔形符号的数量完全相符。

"大流士"的楔形文字及其对应的字母拼写

于是，格罗特芬德就这样掌握了 7 个楔形文字指代的字母。

在另一处碑铭上，他又看到了自己已经辨认出的字母，这进一步验证了他的解读。如下图。

碑铭

上图中，唯独第一个字母缺失了，但不难猜出这个字母是 K。因为完整的词就是波斯国王薛西斯的名字——"KSHIARSHA"。

破译的关键找到了！说来也怪，无论是商博良还是格罗特芬德，都是借助一位国王的名字找到了线索。

后来，格罗特芬德还解读出了其他字母。结果正如他一开始所推测的那样，在所有碑铭中，国王的名字之后紧接着就是他的尊号，例如：大流士，伟大的王，万王之王，波斯之王，万民之王。

波斯文字就是这样被破译出来的。

但有一点必须提到，波斯人并没有发明楔形文字，而是从巴比伦人那里学来的。巴比伦人和其他古代的人一样，最初都用图画代替书写。比如，他们会用一个方形来代替一个圆形。时间久了，巴比伦人便不再用这些图画代表整个词，而只代表一个词的第一个音节。

巴比伦人的楔形文字

波斯人进一步简化了楔形文字，用每个符号代表一个字母。

这些神秘的文字等待了数千年，才终于有人发现并破解了它们的含义。自从商博良和格罗特芬德揭开了象形文字和楔形文字的秘密以来，人们已经学会了多少新奇且有趣的知识啊！

但并非所有谜题都已解开。至今还没有人成功解读出叙利亚和小亚细亚一带狮子像和狮身人面像上刻着的文字。这片地区曾经是神秘的赫梯民族的统治之地。我们对这个民族的了解仅限于埃及人留下的记载。只有当我们能够读懂他们的文字时，这个被遗忘民族的过往才会展现在世人的面前。然而，只是认识一个个字母是远远不够的。倘若商博良不懂科普特人的语言

（科普特人是古埃及人的后裔，从他们的语言中我们可以大致了解古埃及语），那他是无法理解那些埃及铭文的。

古代意大利居民伊特鲁里亚人的文字，解读起来更是难上加难。他们的字母与希腊字母非常相似，因此要读出他们铭文中的词并不难。但问题在于，无人通晓伊特鲁里亚人的语言，因此这些铭文所蕴含的意义至今仍是个未解之谜。

古代意大利居民伊特鲁里亚人的文字

这是多么遗憾的事啊！我们手中明明掌握着这些古代文字，甚至都能够读出来，却对其表达的内容一无所知。还有多少有趣的谜题在等待着我们解开啊！在我们的有生之年里，又将会有多少新发现呢？

# 第六章
# 文字的演变

在历史长河中，图画文字逐渐演变成了字母文字。然而，即便在我们这个时代，依然有些地方还在使用象形文字。比如，尽管中国人使用象形文字的时间远远早于我们，但他们至今仍在使用象形文字。要知道，当纸张、火药、瓷器和印刷术在中国广为人知的时候，在欧洲却还闻所未闻呢。

象形文字"高"

甚至在日常生活中，人们也还在使用象形文字。比如，一根指着方向的手指（一个箭头），电线杆上的红色闪电标志，或装有毒药的瓶子上画着的骷髅与交叉骨头，这些图画都是能代表词语或整个句子的象形文字，意思分别是"请往这边走！""当心触电！""有毒物品！"

在某些情况下，象形文字反而比字母更为实用，尤其对于中国人而言，更是不可或缺。中国人不愿意也不可能用字母取代象形文字。因为汉语是一门非常奇特的语言，它的字很少，而且每个字都很短，大多数汉字只有一个音节。更重要的是，每个汉字还有很多不同的意思。

那在书写中该如何体现这一点呢？起初，这似乎是不可能做到的，但中国人想出了一个解决这个难题的办法。以"舟"这个字为例，它有"船""唠叨""大火""盆"，以及"向下"等意思。在写"舟"这个字的时候，在桅杆上画一张帆，就代表"船"的意思。要表示"唠叨"的意思，就在"舟"字右边画一张嘴的图案；要表示"火灾"，就在"舟"字右边画个火的图案；要表示"盆"，就在"舟"字右边画个水的图案；要表示"向下"，就画个羽毛的图案。

关于"舟"字的象形文字

为了方便书写，中国人极大地简化了象形文字。那些黑色的笔画以各种可能的方式连接在一起，乍一看，很难看出这些文字是从人、马、星星、太阳、月亮的图画演变过来的。但话又说回来，要辨认出字母是从哪些图画发展来的，那就更困难了。

你能相信我们今天使用的每一个字母最初都来源于某个实物的图画吗？就像追踪猎物的猎人一样，学者们也一步步追溯出了字母从最初的图画符号演变为如今的字母形态的漫长历程。它们从一个国家传播到另一个国家，最终才来到我们面前。这些字母的发源地正是古埃及。

很久以前，古埃及人就能够借助图画来表达自己的思想。但后来他们意识到，不是所有东西都能用图画来表达的。比如，名字该如何画出来呢？如果名字与某种具体的东西相对应，那倒是挺容易的，只须画出这个东西就可以了。印第安人就是这么做的，例如如果他们要写"大海狸"这个名字，就画一只海狸。美国人也用同样的方法来表示"伍德伯里"（Woodbury）这个名字：先画一排树代表森林（wood），然后再画一颗浆果（berry）。

但要是名字不像任何具体的东西呢？比如，像"彼得"或者"约翰"这样的名字，又该如何表示呢？就这样，古埃及人逐渐开始使用字母。也是因为如此，为了弥补象形文字的不足，他们在那数百个表示整个单词或音节的象形文字基础上，额外增加了 25 个真正的字母。而他们的做法很简单。在古埃及语中有许多短词，比如表示"嘴"的词"ro"，于是，代表嘴的图画不再只用来表示嘴，还用来表示这个词的首字母"r"。通过这种方式，一些象形文字逐渐被赋予了字母的功能，成为表示单个字母的符号。

在采用新的书写方式的同时，古埃及人也保留了旧的书写方式。他们常常会用字母写出一个单词，然后在旁边画上代表这个单词的图画。显然，他们并没有立刻适应全部使用字母。比如，他们用字母写出表示"书"的单词"TN"，旁边就画一本书；或者他们写出表示"鱼"的单词"AN"，就在旁边画一条鱼。

他们之所以这样做，不仅仅是因为难以习惯使用字母，还有另一个原因。古埃及语和汉语一样，有许多单词的写法是完全相同的。为了避免混淆，每个单词都得有一个标记用来标识是哪个词。这些书和鱼等的图画就起到了这样一种标记作用。没有这些标记的话，可能就会产生很多误解，因为古埃及人只发明了代表辅音的字母，而没有发明代表元音的字母。例如，他们用"hpr"来代替完整的拼写"heper"（甲虫）。如果我们书写单词时不使用任何元音，那我们也得用上标记了。

例如，单词"fl"，如果不加任何元音，可能会有 4 种不同的读法：fall（落下）、fell（砍伐；摔倒）、fill（填充）、full（满的）。由此可见，这种不使用元音的书写方式极易造成歧义，这就解释了为什么古埃及人必须使用图画了。

你可能会认为，想到使用字母的人也会想到使用整个字母表。但事实并非如此。古埃及人虽然使用字母，但并没有发明字母表。在古埃及人的纸莎草纸书和神庙石墙上，我们发现各种象形文字并排在一起，有些代表整个单词，有些代表音节，还有些代表字母。发明字母表的并不是埃及人，而是他们的敌人——闪米特人。大约4000年前，一支闪米特族群——喜克索斯人从东边的阿拉伯涌入了尼罗河流域，并征服了埃及。喜克索斯国王统治了埃及长达100年，他们从埃及人那里学会了书写，此外，还有了一个重大发现——所有单词都可以用字母书写。于是，喜克索斯人只选取了大约20个埃及象形文字，然后用最简单的方式把这些象形文字转化成了字母，从而创造了世界上第一个字母表。

这种字母表的发明方式和我们所熟悉的启蒙读物有些类似。我们常在启蒙读物中看到配有图画说明的字母表。我们都是从这些配有插图的书中学习阅读的，比如在字母 A 旁边画着一把斧头（Axe），在字母 B 旁边画着一只蜜蜂（Bee），以此类推。我们对这样的启蒙读物都很熟悉。然而，我们从没想过直接用图画来表示某个音节，例如，我们不会用一把斧头和一只蜜蜂的图画来表示音节 AB，但喜克索斯人却采取了这种做法。他们用牛头的图画来表示字母 A，因为在他们的语言中，牛被称为"Aleph"；用房子的图画来表示字母 B，因为在他们的语言中，房子被称为"Bet"；用一个人头的图画来表示 R，因为在他们的语言中，这被读作"Resh"。就这样，他们创造了一套由 21 个字母组成的字母集。不过，这些字母的图画主要来源于埃及象形文字。他们从埃及象形文字中选取了牛头、房子、人头等各类图画，恰好符合需求。就这样，首个字母表在喜克索斯人的历法书写体系中应运而生了。

100 年后，埃及人终于摆脱了这些"异国的统治者"（埃及人对喜克索斯人的称呼）。喜克索斯人王朝就此从地球上消失了。但他们发明的字母表却传到了地中海沿岸、埃及以东的各个国家。这些地区的闪米特部落，如从事航海贸易的腓尼基人、务农和放牧的犹太人，都保留了他们同族喜克索斯人的文字。

腓尼基人既是航海者也是商人。他们的船只在地中海沿岸随处可见，在希腊海岸、塞浦路斯岛，甚至远至直布罗陀海峡都能看到。当他们抵达一个新的国家时，就会摆出他们的商品，比如贵重的项链、刀剑、斧头、玻璃杯等，并与当地人交换兽皮、手织布和奴隶。除了商品，他们还将字母带到了世界各地。与腓尼基人进行交易的人也纷纷采用了他们的字母表。不过，这些字母已不是从埃及传来时的模样了。腓尼基商人可没时间去画那些复杂的图画。他们把牛、蛇、人头、房子等图案改成了可以快速书写的符号。

这些字母漂洋过海来到希腊，又从希腊往西传到意大利，形成了拉丁字母；再往北传播，成为斯拉夫字母和后来的俄文字母的基础。但它们离开腓尼基后并没有马上踏上传播之旅，而是在希腊停留了大约两千年之后才开始向北传播。在这漫长的停留过程中，字母的形态发生了更多的变化。

古埃及字母经历了长达 4000 年的漫长旅程，途经腓尼基、希腊和罗马，最终才来到俄罗斯。一路上，它们经历了各种各样的变化。它们改变了自身的形态，时而朝右翻转，时而朝左翻转，时而平躺，时而倒立。它们曾随着腓尼基人的三列桨战船航行，曾放在用来装纸莎草纸卷的圆篮子里由奴隶背着，也曾装在流浪僧侣的背囊里。许多字母就这样在途中遗失了，但时不时也会有新的"伙伴"加入进来。最终，经过漫长的辗转漂泊，当这些字母来到我们面前时，已经变得面目全非，几乎让人认不出来了。

要找回古埃及字母最初的形态，我们必须将埃及象形文字、在西奈半岛哈托尔神庙中发现的喜克索斯人文字，同腓尼基、希腊、斯拉夫，以及俄罗斯字母对比一下，才可能实现。

请好好观察这几排字母（见下图），就会明白长着角的公牛头是如何演变成我们现在的字母"A"的（你可以看出这个字母与公牛头的相似之处，只不过牛角在底部了）。

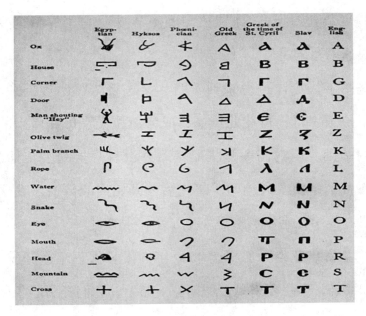

字母的演变过程

　　我们还可以看到，许多字母以前的朝向与现在的朝向都是相反的。这是因为古代腓尼基人不像我们现在这样从左到右书写字，而是从右到左书写的。希腊人从腓尼基人那里学会字母表后，起初也是从右到左书写的。后来，他们开始双向书写，一行从左到右，下一行就从右到左，以此类推。但他们发现这样做不太实用，最终还是改为了所有行都从左到右书写。而我们就是从他们那里学会了这种书写方式。

　　当希腊人改变书写的方向时，他们把字母也转为了相反的方向。换句话说，字母就像火车一样在页面上来回穿梭，最后才朝着正确的方向书写。

　　但是，为什么从左往右写似乎比从右到左写更方便呢？从左往右写，从右往左写，还是像中国人那样从上往下写？这之间究竟有什么区别呢？

其实，这确实有所不同。我们所使用的字母起源于古埃及，那时的埃及人曾有一段时间也像中国人一样从上到下写字。写字的时候，书吏按理应该用左手拿着纸莎草纸卷，用右手写。他也必须从右手边开始写，否则他的手会妨碍书写。如果你用这种方式写下这本书的标题，你会得到这样的效果：

**BLACK ON WHITE**（镜像反转）

埃及人书写"书的故事"

但这样并不十分方便，因为书吏写完第一行接着写第二行时，手会蹭到第一行刚写好可尚未干透的墨水。而这并不会给中国人带来困扰，因为他们用的墨汁干得非常快。而埃及人的墨水是由烟灰、植物胶和水制作而成的，干得很慢。于是，为了解决这个难题，他们开始横着在纸上写字，而不再是竖着写了。这样一来，右手在写的时候就可以沿着干净的白纸移动，不会抹花上一行刚写好的没干透的字了。不过，从右到左写字的旧习惯还是保留了下来。

古埃及人继续用这种方式写字，直到希腊人开始双向写字，书写方式才发生了改变。最终，在这两种写法中，从左到右的写法在欧洲人中占了上风。但希伯来人和许多其他民族则仍然保留着从右到左的书写传统。

我们已经追溯了字母从古埃及来到俄罗斯的历程。但这只是埃及象形文字传遍全世界的其中一段旅程。字母从希腊出发，不仅向北传播，还向西传播到了意大利，在那里演变成了拉丁字母。当这些字母从埃及传播到世界各地时，还传播到了印度、暹罗（今泰国）、波斯（今伊朗）、亚美尼亚、格鲁吉亚、中国西藏，以及朝鲜等地。因此，世界上所有的字母表都起源于埃及字母表。

说完字母，还得说说数字。数字的历史甚至比字母的历史更令人惊叹。你知道吗？我们使用的数字实际上也来源于象形文字和图画文字。

曾经有一段时间，人们只会用手指来数数。如果他们想说"一"，就伸出一个手指；说"二"，就伸出两个手指，以此类推。一只手的五根手指代表"五"，两只手则代表"十"。当需要表示更大的数时，人们会像风车一样挥动双手。乍一看，你可能会以为这样数数的人是在驱赶蚊子。这种用手指或双手计数的方式也用在了书面上。如果你看看罗马数字，就会立刻猜到，一根、两根和三根手指分别代表 I、II、III。一只伸出大拇指的手掌代表的是 V；而两只手掌同时伸出大拇指，并掌根相靠，则表示 X。

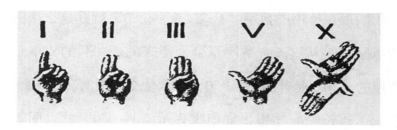

手指计数

不仅仅是罗马数字是这样演变出来的，我们现在使用的阿拉伯数字也同样源于手指计数。起初，他们是这样书写这些数字的："1"的写法和现在一样；"2"用两根横着的小木棍表示；"3"用三根横着的小木棍表示；"4"用四根交叉的小木棍表示；"5"则用一只手或握拳伸出拇指来表示。

手指计数 "5"

数字和字母一样，在快速书写时，也发生了变化。如果不抬笔，直接在纸上连续书写，就会呈现出以下形式。

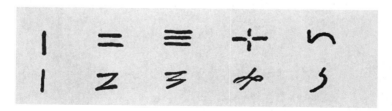

数字和字母的快速书写

　　我们现在使用的数字"1、2、3、4、5"就是这么来的，而其他数字都是从这 5 个数字组合而得来的。"0"的故事是其中最有趣的。"0"是什么呢？"0"表示什么都没有，是一个空缺。人们花了很长时间才想出如何来表示"0"。"0"的发明就像蒸汽船或电话的发明一样，是一项重大的成就。

　　起初，人们并没有"0"的概念。在进行计算时，人们用一个划分成方格和圆圈的板子，将数字写在圆圈里，并在方格内排列。例如，如果想要计算 102 和 23 的和，就会在板子上按如下方式排列圆圈（见下图）：也就是说，把代表"0"的位置空着。这个板子被称为"算盘"。算盘对希腊人来说非常有用，他们的计数方法是用字母表的第一个字母表示"1"，第二个表示"2"，以此类推。要是不使用算盘，用这种方式进行计算将会非常困难。比如，他们要如何把"Λ"（希腊字母，代表数字 30）和"Π"（希腊字母，代表数字 80）相加，或者把"N"（希腊字母，代表数字 50）和"P"（希腊字母，代表数字 100）相加呢？也许就是因为这样，希腊人靠的是心算，只是把结果记录下来。

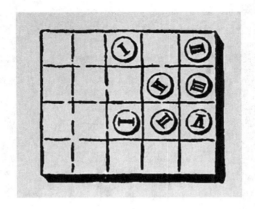

有方格数字算表

很快，人们开始用普通的算表来代替算盘。算表上并没有划分出方格。因此，为了表示一个空白方格，他们开始使用一个不带任何标记的圆圈，就像这样："① ○ ②"，其中，"○"代表原来的空白方格。而当这些符号要写到纸上时，这个空心的圆圈就被画在了纸上，进而演变成了我们现在所用的数字"0"。

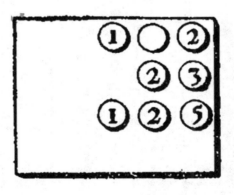

无方格普通算表

# ·下篇·

## 【导读】

你是否想过，印刷术的革新究竟如何改变了书籍的命运，让知识得以以前所未有的速度传播？在现代出版业蓬勃发展的背后，又有着怎样鲜为人知的故事和挑战？

从印刷机的轰鸣声中诞生的大批量书籍，到不同装帧风格赋予书籍独特的魅力；从现代出版流程中各个环节的精密协作，到书籍在不同文化交流中扮演的桥梁角色……米·伊林以其一如既往的生动笔触和敏锐视角，将为我们解开这些谜团。

接下来，我们即将看到书籍如何突破地域与时间的限制，成为连接世界各地人们心灵的纽带。每一本书的诞生，都凝聚着无数人的智慧与努力，它们承载着人类的思想精华，推动着社会不断向前发展。让我们继续跟随米·伊林的脚步，去感受书籍在现代社会中蓬勃的生命力和深远的影响力，一同探寻书籍背后那些关乎人类文明进步的动人故事。

第一章

# 不朽的书

  字母踏上了跨越不同地域与民族的非凡之旅，同时也经历了另一种旅程。它们的书写载体不断更迭，先是出现在石头上，而后转移到纸莎草纸上，又从纸莎草纸过渡到蜡版上，接着从蜡版来到羊皮纸上，最终出现在纸张上。正如树木在沙质土壤中的生长状态与在沼泽或黏土中的生长状态截然不同，字母在从一种载体转移到另一种载体的过程中，也改变了自身的形态：在石头上，它们刚硬笔直；在纸张上，它们圆润柔和；在蜡版上，它们弯曲如逗号；在黏土上，它们呈现出楔形、小星形和角状。然而，即便在同一种书写材料上，比如羊皮纸或纸张，字母也不会拘泥于一种形态，而是持续不断地以最变幻莫测、随心所欲的方式变换着自己的模样。

  下图中有几行文字，写于不同时期，书写材料也各不相同。你瞧，刻在石头上的字母，其线条硬朗、笔锋刚直；刻在蜡版上的字母，其线条圆润弯曲；写在羊皮纸上的字母，字体圆润、

刻在石头上、蜡版上和写在羊皮纸上的字母（从上至下）

清晰易读。乍一看，这几行字仿佛是用不同的字母系统书写的。实际上，它们全部由拉丁字母写成，只不过书写材料不同，使用的工具也不一样。

书写方式竟是如此多样！我们习以为常的铅笔和纸张其实是相对晚近的发明。大约 500 年前，学生的书包里既没有铅笔、钢笔，也没有笔记本。他们用尖尖的小木棒在涂满蜡的木板上书写，写的时候木板就放在膝上。这种书写方式显然谈不上便利。

倘若我们再往前追溯，回到文字刚从穴居人的绘画中发展起来的时代，就会发现那时书写的艰难程度简直令人难以置信。当时根本没有专门的书写材料。每个人都得自己琢磨书写的办法。人们随手抓到什么，就用什么来制作"笔记本"：羊的肩胛骨、棕榈叶、碎陶片、野兽皮、小块树皮——凡是可以用尖锐的骨头或石头刻画的材料都能派上用场。

许多这类书写方式沿用了很长时间。据说，穆罕默德[①]就是在羊肩胛骨上写下了《古兰经》。过去，在公众集会上，古希腊人常在碎陶片上记录投票结果，而不像我们如今写在纸片上。即使在纸莎草纸发明之后，许多作家由于贫困，仍不得不在陶片上书写。相传，一位学者打破了家中所有的锅碗瓢盆，只为

---

① 穆罕默德：伊斯兰教先知，被认为是真主安拉的使者，他的言行被穆斯林视为信仰和生活的准则。

在这些东西的碎片上写一本书。还有一次，一些驻扎在埃及的罗马士兵和官员因缺少纸莎草纸，不得不将账目和收据写在碎陶片上。

比起碎陶片，棕榈叶和树皮无疑是更好的书写材料。在纸莎草纸问世之前，人们一直用针在这些材料上"写字"。例如，印度人会用棕榈叶来制作整本书。他们先是把叶子的边缘修齐，裁剪成合适的形状，再用针线缝起来。不仅如此，他们还会给"书"的边缘镀上金箔或进行其他装饰，最终制作成非常精美的一本书籍。但这样制作出来的书看起来更像一扇百叶窗，而不是一本书。

如今，这些用骨头、黏土和棕榈叶制成的书籍，只能在博物馆里见到了。不过，有一种古老的书写方式我们至今仍在使用，那就是在石头上书写。石头书是所有书籍中保存时间最长的。

石头书

4000 多年前刻在埃及陵墓和神庙墙壁上的故事，至今仍保存完好。即使到了现在，当我们希望将某些内容长久保存时，依然会选择将其刻在石碑上。然而，如今我们已很少在石头上写字，原因有二：一是在坚硬的石头上刻字非常困难；二是石头书过于笨重，一本石头书可能重达数百磅（1 磅 ≈ 0.45 千克），一个人根本无法搬动，必须借助起重机。因此，你没办法将一本石头书带回家阅读，也不可能通过邮寄寄送一封石头信。

人们一直在寻找一种比石头更轻便但同样耐用的书写材料。后来，他们开始尝试在青铜上书写。我们今天仍然可以看到一些刻有铭文的青铜板，这些青铜板过去是用来装饰宫殿和神庙的。有时，一块这样的青铜板就占据了一整面墙。所以，如果需要在青铜板的两面书写，人们通常会用链子将其悬挂起来。

刻在青铜门板上的协议

请看上图中教堂的青铜大门。大门的门板也可以算是一本书，因为上面刻着埃特林伯爵与布卢瓦城居民达成的一项协议：居民同意为伯爵的城堡修建一圈城墙，作为回报，他们有权使用从葡萄酒中征收的税款。虽然那些葡萄酒早已被喝光，而那些喝酒的人早已长眠地下，围绕城堡的城墙也早已坍塌，但这份协议却依然完好如初，装点着青铜门板。

石头书和青铜书虽然耐久，但既笨重又不便携带。而这还不是它们最大的缺点。最糟糕的是，在这样的材料上书写非常困难。如果叫今天的作家穿上围裙，拿起锤子和凿子，变成一名石匠来完成写作，他们会说些什么呢？要辛苦敲打出一页文字，或许得花上一整天的时间呢。

可见，今天的书写方式当然更好。诚然，纸张并不是一种十分耐用的材料，但还有什么材料既能像石头那样经久耐用，又能像纸张一样便于书写呢？巴比伦人和亚述人——这些生活在底格里斯河与幼发拉底河流域的古老民族——早在数千年前就找到了答案。他们发现了一种既耐用又便于书写的材料。在尼尼微遗址中的库云吉克古丘里，一位英国人发掘出了亚述巴尼拔国王的整个图书馆。这座图书馆非常奇特，里面没有一页纸，所有书籍都是用泥板制作的。

这些书籍的制作过程是这样的。书吏会先制作一块大小和厚度合适的泥板，然后用一支小型三棱尖头棒在上面书写。他把木棒插入泥土中，再迅速抽出，这样写出来的字母一端较粗，还拖着细细的小尾巴。通过这种方式，巴比伦人和亚述人可以非常快速地在整个泥板上写满大小均匀的楔形文字。接着，为了让泥板更结实牢固，他们会将其交给陶工烧制。如今，陶工与书籍制作毫无关联，但在那个时代，陶工不仅烧制陶器，也负责烧制书籍。

将这些书籍在太阳下晒干、在窑炉中烧制后，就变得几乎和石头一样坚固耐用了。这样的书不会被烈火焚毁，也不会因受潮而损坏，更不会被老鼠啃噬破坏。当然，它们确实可能破碎，但碎片可以收集起来重新拼接。学者们花费了很长时间，才将在尼尼微遗址中发现的破碎泥板逐一妥善地拼接还原。

尼尼微图书馆的泥板书

尼尼微图书馆中藏有三万块泥板。每本书由许多泥板组成，就像我们现在的书有许多书页一样。当然，泥板无法像书页那样用线装订在一起，因此每块泥板上都必须标注编号，并写上书名。一本讲述世界起源的书开篇写道："起初，那在上方之物尚未被称作天空。"于是，在这本书的每一块泥板上都刻着这句话，并依次标注编号：第1块、第2块……以此类推，直至书的结尾。

除此之外，你可能已经猜到了，每本泥板书上都刻有图书馆的印章：

"此书出自勇士之王、万国之王、亚述国之王亚述巴尼拔的宫殿。承蒙智慧与写作之神纳布赐予我敏锐的听觉与锐利的视觉，使我得以寻得那些为我祖先诸王效力的文人之作。为敬奉纳布神，我将这些泥板收集成册，命人制作副本，并标记我的名字，珍藏于我的宫殿。"

这座图书馆里各类书籍应有尽有：有的讲述亚述国王与吕底亚人、腓尼基人、亚美尼亚人交战的故事；有的讲述一个长着公牛的腿、角和尾巴的巨人的英雄事迹。此外，还有一个令人心醉的故事，讲述女神伊什塔尔如何独闯冥界去救回她心爱的丈夫。另一个故事则讲述了曾经有一条河把整个世界变成了一片广袤无垠、无边无际的汪洋。

夜里，当亚述国王饱受失眠之苦时，他会派一个奴隶去图书馆取书回来，然后命令奴隶们大声朗读。当国王听着这些故事时，便会像他最穷苦的臣民一样，忘却那些困扰他的烦恼。

亚述人不仅在泥板上书写，还在上面印制图案。他们用宝石制作印章，印章呈圆柱体形状，上面刻有浮雕图案。当签订某项条约时，他们便会将印章在泥板上滚动按压，这样泥板就会清晰地印上印章的图案了。

泥板上的印章

有趣的是，这种方法至今仍应用于织物印花。轮转印刷机也是同样的工作原理：字模排列在一个旋转滚筒的表面上。

有许多契约、收据和账目保存到了今天，我们仍能看到上面留有印章印的痕迹。在印章旁边常常能看到一个签名——用手指甲划出的一道弯钩。显然，这就是那些不识字的人签署自己姓名的方式。

第二章

# 卷轴书

泥板书已经够奇特了，但古埃及人还发明了一种更为不同寻常的书。想象一张很长很长的长卷，长达几百米。它由一种非常独特的纸制成，看起来、摸起来都像是由许多小薄片拼接而成的。要是你试着撕下一片，就会发现它确实是由许多小纸片组成的，就像编织的草席。这种纸外观呈黄色，光滑且有光泽，但像蜡版一样易碎。

通常，文字不是沿着长卷的长边按行来书写的，而是分成很多列。如果真的沿着长边按行来写，那读者就不得不两头来回跑着阅读了。

长卷文字

这种奇特的纸是由一种外观更为奇特的植物做成的，这种植物生长在尼罗河沿岸的沼泽地里。古埃及人在地里种植了大片这种模样怪异的小树。确切地说，那并不是树，而是一种沼泽草，长得比人还要高。这种草的根茎光秃笔直，顶部是一丛穗状物，叫纸莎草（papyrus）。"papyrus"这个词至今仍保留在英语的"paper"、德语的"Papier"、法语的"papier"和俄语的"papka"中，用来表示"纸"或"文件"。

这种奇特的植物对古埃及人来说，真可谓亲密无间的"挚友"。他们用纸莎草造纸，将其作为食物，把它的汁液制成饮料，还拿它制作衣物、鞋子，甚至用它来造船。煮熟的纸莎草、香甜的纸莎草汁、纸莎草纤维制成的布料、纸莎草树皮做的凉鞋，还有纸莎草茎编织而成的独木舟——古埃及人从这种模样难看、酷似牛尾巴的植物里获得了诸多好处。

采集纸莎草

有一位古罗马作家目睹了古埃及人的造纸过程，并留下了一段对纸莎草纸工厂的描述。据他记载，造纸工人会先用针将纸莎草茎分割成尽可能宽的薄片，然后将这些薄片黏合在一起，制作成一整张纸。这项工作是在浸润着尼罗河泥水的湿工作台上完成的，这种泥水起到了胶水的作用。工作台是倾斜放置的，以便水可以不断地从上面流过。当一排薄片完成后，他们会剪齐边缘，并将其与另一排薄片交叉放置。通过这种方式，他们制作出了一种类似编织物的材料，其中一些薄片纵向排列，另一些则横向排列。完成后，他们将这些薄片压平，再在上面放置重物，并将其置于阳光下晒干。晒干后，再用骨头或贝壳将纸的表面打磨光滑。

就像现代的纸张一样，纸莎草纸也分成许多等级。最高等级的是用纸莎草茎的中心部分制成的。埃及人称这种纸为"圣纸"，用于书写宗教经文。罗马人从埃及人手中购买纸莎草纸，并将最好的纸称为"奥古斯都纸"，以表达对皇帝奥古斯都的敬意。第二等级的纸叫"莉薇娅纸"，得名于奥古斯都的妻子莉薇娅。还有许多其他等级的纸，其中最差的一种纸被称为"商用纸"，仅用于包裹商品，而不用来书写。当时，最好的造纸厂位于古埃及的亚历山大城，从那儿，"亚历山大纸"（这个名字至今仍在使用）被运往罗马、希腊和东方各国。

制作好的纸页会被黏合成长卷，每卷约有 20 页，长度可达 100 米甚至更长。那这样的书人们该如何阅读呢？倘若将其铺在地上阅读，恐怕会占满整间屋子的地面空间。而此时若要跪在地板上阅读，显然极为不便。难道要将它挂在栏杆上阅读？但世界上没有为阅读这类长卷而建的"专用栏杆"呀。况且，如果下雨了，书该怎么办？如何保护它免受风雨侵袭，又如何防止无所事事的坏蛋将整本书撕成碎片呢？或者，可以让几个朋友帮忙，一个人拉住一头，这样总行吧？恐怕这种方法也行不通。你到哪里去找愿意每天站上几个小时为你举着长卷的人呢？

那么，为什么不把长卷裁成纸页，像今天的书一样装订起来呢？这个主意听起来很简单，但当时人们并没能立刻想到。即便想到了，对于纸莎草纸来说也不太适用。因为纸莎草纸折叠时容易开裂，并不像今天的纸那样可以随意揉搓而不破。

埃及人想出了一个非常实用的办法。他们将长卷卷起来。为了防止破裂，用一根小木棒将其卷绕起来。木棒两端饰以精美的雕刻，看上去就像西洋棋。在阅读时，他们会用手握住雕刻的木棒末端。这种方法至今仍被用于地图的卷绕，报纸也常被卷在木棒上以防被撕裂。

当阅读这种纸莎草纸书卷时，要用左手握住雕刻木棒的末端，右手展开书卷。也就是说，阅读时两只手都要忙碌着。如果右手松开去揉眼睛或拿笔，整卷书就会重新卷起来。在这种情况下，要边阅读边抄写书中的内容是不可能的。如果想抄写，只能由两个人合作：一个人念，另一个人写。

一个喜欢把多本书摊开放在不同位置、同时阅读不同内容的学生，面对这样的书恐怕会感到非常不方便。但这并不是纸莎草纸书卷唯一的缺点。通常，一卷书卷只是整本书的一部分。我们现在印成一本书的内容，埃及人、希腊人和罗马人那时往往需要用好几卷书卷来书写才能完成。在那个年代，书籍并不是可以随手塞进口袋或公文包的小物件。如果你想随身携带一本书，就得背上一个装满书卷的圆筐。这种筐带有肩带，外形类似于一个大号的帽盒，通常需要人背在背上。富人不需要自己背书。当他们去图书馆或书店时，会带上一个奴隶，由奴隶替他们把想要的书背回家。

用圆筐背书的奴隶

当时的书店看起来更像是卖壁纸的商店，而不像我们今天的书店。书架上摆满了一个个卷轴，这些卷轴看起来像是一卷卷壁纸。每个卷轴上都挂着一个小标签，标签上写着书名。

当时的人们也用墨水在纸莎草纸上书写，不过这种墨水与我们如今所用的相去甚远。他们的墨水由烟灰和水混合制成。为了让墨水足够浓稠，他们还会加入阿拉伯树胶，这样墨水就不会从笔尖全滴到纸上。这种墨水不如今天的墨水那么持久耐用，很容易用海绵擦掉。在当时，海绵就相当于我们今天的橡皮擦。如果手边没有海绵，有时人们甚至会用舌头舔掉墨迹。

当时的笔也与我们现在的不同。它们是用芦苇秆制成的，长度和今天的铅笔差不多，一端削尖并劈开成两半。如果没有被劈开的这一端，笔就没法用了。试试用一支笔尖断了一半的钢笔写字，你会发现根本无法书写。如果笔尖的两部分都完好，就会形成一个小小的墨水通道，让墨水以均匀而细小的流量流出来。如果你想画出更宽的线条，只须按压笔尖，让"墨水沟渠"变宽，从而增加墨水的流量即可。第一个想出劈开笔尖这个主意的人真是个聪明人。

在金字塔的墙壁上，至今还保留着许多古埃及书吏的画像。他们大多是年轻人，都是盘膝而坐，左手拿着一个卷轴，右手握着一支芦苇笔。书吏通常会把备用的两支笔别在耳后。

古埃及书吏的画像

接下来，我来给你讲讲一个书吏的故事。

如果我们瞥一眼书吏手中的卷轴，就会惊讶地发现，上面的文字与我们所熟知的象形文字一点儿都不同。这些文字看上去像是一些潦草的涂鸦，丝毫不同于我们常见于陵墓和神庙墙壁上的那些精美图案。

书卷上的文字

这并不难理解，因为在纸莎草纸上书写比在石头上刻字要简单得多了。在石头上刻可能需要半个小时，而在纸莎草纸上一分钟就能完成了。因此，象形文字在纸莎草纸上失去了其精确而优美的轮廓也就不足为奇了。快速书写改变了线条，简化了所有的图画。祭司们依然注重书写的美观，每一笔都描画得十分细致。但普通民众，也就是那些不属于祭司阶层的人，只想着尽快写完。于是，埃及的书写体系最终分化为三种：圣书体、祭司体和世俗体。

看看纸莎草纸的发明给埃及的书写带来了多大的变革！

## 一个书吏的故事

主人公是一个使用世俗体文字的书吏。他正在记录工人们将谷物装入大型储粮仓的数量。工人们身穿白色围裙，工作速度非常快，以至于这个书吏几乎来不及记录卸粮员向他喊报的数量。所以，他哪里有时间去写那些花里胡哨的笔画？工人们沿着砖砌的楼梯，走上建在粮仓上方、带有圆顶盖子的平台。他们提着装满谷物的篮子，把谷物从盖子顶部的洞口倒进去，然后赶紧回去装下一趟，还要给另一个提着满满一篮子谷物上来的工人让路。

最后，所有的谷物都称过重量并装入了仓中。书吏收起他的笔、卷轴和墨水瓶，与工人们一起走到街上。街道两旁的房子很高，上方只留下窄窄的一片天空。这是富人居住的地方。工人们的小棚屋则在城镇的边缘。

有些工人在回家的路上会顺路走进酒馆，和朋友喝上一杯啤酒，或者尝一杯用棕榈叶酿制的烈酒。但今晚，这位名叫恩西苏阿蒙的书吏没有在酒馆停留。他心情沮丧地往家走。距离下次发工资还有十天，可他早就把上一笔工资花光了。家里没有面包、没有米、没有油，也没人可以借给他。他不禁想到，竟然还有一些书吏坐拥大片乡村庄园和豪华的城中住宅。比如那个掌管王室仓库的书吏纳赫穆特，据说他贪污了大量财物，如今成了城里最富有的人。看来老实人注定要挨饿啊！

恩西苏阿蒙回想起自己毕业以来的这七年。七年的穷困潦倒！这可不是他上学时人们预言的未来。当时，班里没有哪个学生比恩西苏阿蒙更聪明。他学习读写比其他人都快。在算术方面，也没人能超过他。他能一字不差地背诵整本算术书，还有那本几何书，他还记得第一页上写着："能让人理解所有隐秘之事、所有深藏于万物之中奥秘的方法。"

没有人比他更擅长计算，比如如何将一百块面包分给五个人，其中两个人得到的数量是另外三个人的七倍。然而现在看来，这种不公平不仅存在于课本中，更真实地存在于现实生活中。可怜的恩西苏阿蒙，没那个运气成为得到七倍份额的人。

不过，恩西苏阿蒙并没有在这种悲观的情绪中沉溺太久。他还年轻力壮，头脑也很聪明，为什么要绝望呢？诚然，他的生活还没迎来一个好的开端，但迟早人们会认可他的才能，到那时，生活就会大不一样了！

他愉快地朝着自己那破败不堪的小屋走去，他亲爱的妻子和六岁的儿子正在家里等他。儿子正在上学，也在学习成为一名书吏。他那小小的手已经能在纸莎草卷轴上画出笨拙的曲线和弯钩了。

第三章

# 蜡版书

蜡烛是我们都非常熟悉的东西。然而，蜡版书在今天却是一种稀世珍品。一本可以像黄油那样被熔化的书，相较于我们之前听闻的泥板书或纸莎草纸书卷来说，那可算得上是一种更为奇特的书了。鲜有人知道，由罗马人发明的蜡版书一直使用到法国大革命时期才逐渐消失。

蜡版书

从上图中可以看到蜡版书的模样。它由若干块小蜡版组成，每块蜡版的大小和我们的袖珍笔记本差不多。每块蜡版中间都被掏空，形成一个长方形的凹槽，里面填满了黄色或黑色的蜡。蜡版内侧的两个角打了孔，用绳子穿过这些孔，就能将这些蜡版固定成一本小册子了。第一块和最后一块蜡版的外侧没有涂蜡，这样在书合上时，就不用担心里面写的内容会被擦掉。

那么，人们是如何在这些蜡版上写字的呢？当然不是用墨水。他们是用一种叫"铁笔"的小钢棒。铁笔的一端是尖头，另一端是圆头。人们通常用尖头的那一端书写，或者更确切地说是刮写，而把圆头那一端当作橡皮擦来用。这种圆头的设计

可是我们如今橡皮擦的"鼻祖"之一呢。

蜡版价格低廉，故而常被当作便笺本，用于笔记、算算术等。与之相比，纸莎草纸需从埃及进口至罗马，价格不菲，所以仅用于制作书籍。

除了便宜，蜡版还有一个好处，那就是持久耐用。罗马人用蜡版写信，通常会收到对方写在同一块蜡版上的回信。人们可以在蜡版上无数次地书写，只须用铁笔的圆头擦去原来的内容，再重新书写即可。

"多使用铁笔的圆头！"这是人们当时给年轻作家的忠告。作为一种书写工具，尽管铁笔早已退出历史舞台，但我们现在仍然会说一个写得好的作家要有好的文笔（style），而"文笔"这个词正是源自"铁笔"（stylus）一词。

然而，蜡版易于擦除这一特性有时并不是一件好事。那时，偶尔会发生一些重要的机密信件在送达目的地之前，信的内容被途经之人彻底擦掉的情况。为了防止这种情况，人们有时会在真正的信件那层蜡上面再浇上一层蜡，并在这层蜡上写一些无关紧要的话，比如："你好！最近身体好吗？来和我一起用餐吧！"当收信人收到这样的信件时，会小心地刮掉上层的蜡，然后阅读写在下层的真正内容。也就是说，当时的信件可能像房子一样，有"单层"或"双层"之分。

原本在石头上显得笔直、规整的拉丁字母，在纸莎草纸上书写时就变得有些弯曲了，而到了蜡版上则几乎成了难以辨认的潦草字迹。只有精通古文字学的学者才能读懂罗马人在蜡版上所写的文字。我们普通人根本看不懂这些弯弯绕绕的笔画。你可以自己试着做一块蜡版，然后在上面写点东西，就会明白要在蜡版上把字母写得规范有多难了，尤其是写得快的时候。这也是为什么在铅笔和廉价纸发明之前，人们离不开蜡版的原因。

数百年前，每个学童的腰带上都挂着一块蜡版。在德国吕贝克的圣詹姆斯教堂的下水道里，考古学家发现了大量蜡版，这些蜡版上写满了学生们的字迹。他们还发现了许多铁笔，一些用来刮擦羊皮纸的小刀，以及当时老师用来打学生指关节的戒尺。要知道，在那个时候，学生们可是会被无情地体罚的。那时学生们不说"我去上学了"，而说"我去挨打了"。

在一本大约 1000 年前用拉丁文写成的书中，记载了师生之间的一段对话：

学生：尊敬的老师，我们恳请您，请教我们如何正确地说拉丁语吧，因为我们很无知，说得非常糟糕。

老师：那我教你们的时候，你们愿意接受鞭打吗？

学生们：为了学习，挨鞭打总比一直无知要好。

对话以这样的方式继续下去。

你可以想象一下那时的学生上课的画面：盘腿而坐，把蜡版放在膝盖上，左手拿着蜡版，右手把老师口述的内容写在上面。

当然，并非只有学生使用蜡版。修士会用蜡版来记录教堂礼拜仪式的顺序，诗人用它写诗，商人用它记账，宫廷中的纨绔子弟则用它写情书或写决斗挑战书。有些人用的是普通的山毛榉木蜡版，外面包着皮革以增加耐用性，里面涂着混有油脂的劣质蜡；有些人用的是以优质木材制成的精美蜡版；还有一些人用的是用象牙制成的非常雅致的蜡版。到了13世纪，巴黎甚至还有一家专门制作这种书写蜡版的店铺。

那后来这数以百万计的蜡版都去哪儿了呢？它们大多数早已被焚毁或丢弃，就像我们处理废纸一样。如今，如果能找到一块罗马人2000年前写的蜡版，那会是无价之宝！然而，罗马时代的蜡版几乎没有被保存下来。我们现存的大部分蜡版来自意大利的庞贝城，是在银行家卡西利乌斯·尤昆杜斯的家中发现的。2000多年前，维苏威火山爆发，庞贝城及其邻近的赫库兰尼姆城都被火山灰掩埋了。要不是这次火山爆发，这些蜡版根本就不会流传下来。我们现存的只有二十四卷罗马时代的纸莎草纸卷轴，这些卷轴同样是在赫库兰尼姆的火山灰中发现的。再可怕的灾难与时间的侵蚀相比起来都不算什么——时间不留情面，它抹去了人类行为的痕迹，甚至连回忆都一并抹去了，就像铁笔抹平蜡版上的字迹一样。

第四章

# 羊皮书

在纸莎草纸的鼎盛时期，一个强大的竞争对手悄然登场——羊皮纸。远古时期，游牧部落就已使用野生兽皮进行书写。然而，一直等到人们学会了如何妥善加工处理兽皮，皮革才真正成为一种书写材料。相传，其中有这么一个故事：

在埃及的亚历山大城，有一座著名的图书馆，里面收藏了大约 100 万卷纸莎草纸书卷。托勒密王朝的法老们非常热衷于扩充这一图书馆。多年来，亚历山大图书馆一直是世界首屈一指的图书馆。然而，后来在小亚细亚的帕加马城，一个新的图书馆悄悄崛起，渐渐追赶上了亚历山大图书馆。当时在位的法老决定以最冷酷无情的方式对这座图书馆进行报复。于是，他下令彻底禁止将纸莎草纸出口到包括小亚细亚在内的东方地区。

帕加马的国王应对这一举措的方法是，命令本国技艺最精湛的皮革工匠用绵羊皮或山羊皮制作一种能替代纸莎草纸的书写材料。从那时起，在很长一段时间内，帕加马城都是全世界羊皮纸的主要供应地。羊皮纸在许多方面优于纸莎草纸。它易于裁剪，不会像纸莎草纸那样易分裂成纤维，而且它可以弯折而不会破裂或损坏。起初，人们并没有注意到这些优点，所以仍像对待纸莎草纸一样，将羊皮纸卷成书卷。不过很快人们就发现，羊皮纸可以折叠成对开页，并制成册页，进而缝合成书籍。于是，第一种真正意义上的书籍——由单独纸页缝制而成的书本——终于诞生了。

　　起初，人们把新鲜的兽皮（绵羊皮、山羊皮或牛犊皮）浸泡在水中，使其变软。然后用刀把皮上面所有的肉刮掉，再把兽皮放入含有灰烬的水中浸泡。灰烬能使兽毛变得极软，这样就能轻易地用刀刮除了。接着再用白垩擦拭兽皮，并用浮石将其打磨光滑。最终得到的是一种薄薄的黄色皮纸，两面都同样干净、光滑。羊皮纸越薄，价格就越高。工匠们甚至成功制造出了极薄的羊皮纸，可以一整卷都装入核桃壳中！著名的罗马演说家西塞罗就曾提到过，他见过一卷小型羊皮纸，里面竟然包含了《伊利亚特》的二十四卷内容。

　　工匠把兽皮参差不齐的边缘修剪掉，留下一大张羊皮纸。再把这张纸对折两次，就变成了四张更小的纸页。最后将几张这样的"四开页"装订在一起就成了一本书。后来，他们开始把兽皮对折成四开、八开甚至十六开，于是就有了不同尺寸的书籍，分别是原始纸张大小的四分之一、八分之一和十六分之一。

　　后来，人们开始在羊皮纸的两面书写，而不像在纸莎草纸上那样只写一面。这无疑是羊皮纸的又一大优势。尽管羊皮纸有诸多优势，它还是经历了漫长的过程才最终彻底将纸莎草纸挤出市场。羊皮纸通常被用来誊写清稿，但当作家的手稿进入书店后，书店还是会把手稿抄写在纸莎草卷轴上。因此，一部

作品的传播过程是从蜡版到羊皮纸，再从羊皮纸到纸莎草纸，最终以纸莎草卷轴的形式到达读者手中的。

慢慢地，古埃及造纸厂生产的纸莎草纸越来越少了。埃及人被阿拉伯人征服后，纸莎草纸向欧洲国家的出口就完全停止了。至此，羊皮纸大获全胜。

不过，这并不是一场多么辉煌的胜利。在羊皮纸彻底取代纸莎草纸之前，强大的罗马帝国早在几百年前就被从北方和东方涌入的半蛮族摧毁了。无尽的战争使曾经富裕的罗马城沦为废墟。每年，不仅受教育的人越来越少，甚至连识字的人也逐渐减少。等到羊皮纸成为唯一的书写材料时，已经很少有人能够写字了。

那些为罗马书商抄写书籍的大型工坊早已关闭。只有在深山密林和荒凉山谷中的修道院里，偶尔才能找到一位修士——为了自己的灵魂救赎而抄写书籍。请看下图中的这个修士，在他的独居小屋里，他坐在高背椅上，正不辞辛劳地抄写着圣塞巴斯蒂安①的生平故事。他不慌不忙，仔细且规整地书写每一个字母，即便多次提笔也毫不在意。他使用的要么是芦苇笔，要么是羽毛笔，笔尖削尖并劈开成两半。在这个时候，使用鹅毛或乌鸦羽毛制成的笔已经越来越普及了。

---

① 圣塞巴斯蒂安：基督教早期的殉道圣人，生活在公元3世纪，是天主教、东正教和某些新教教派尊崇的圣徒之一。他以坚定的信仰和为基督教殉道的事迹闻名，通常被认为是信仰的象征。

抄写圣塞巴斯蒂安生平故事的修士

他用的墨水也与罗马人和埃及人使用的墨水不同。为适应羊皮纸的特性，人们发明了一种特别耐用的墨水，能够完全渗透进羊皮纸内，并且难以被完全擦除。这种墨水通常由栎瘿（又称"五倍子"）、绿矾和树脂或阿拉伯树胶制成。而这种配方的墨水如今也很常见。

栎瘿有时被称作"墨果"，有些人认为它是长在"墨树"上的坚果。但事实上并不存在所谓的"墨树"。这些"墨果"不是真正的坚果，而是栎树受到昆虫刺激后形成的一种瘤状组织，有时会长在栎树的树皮、树叶和树根上。人们把栎瘿的汁液与绿矾溶液（就是把铁溶解在硫酸中得到的那些漂亮的绿色晶体）混合在一起，就形成了一种黑色的酸性物质，再往里面加入阿拉伯树胶使其变得浓稠，从而制成墨水。

以下是一份制作墨水的配方，保存在一份古老的俄罗斯手稿中，这份手稿记录的年代正是纸张刚被发明时。

"把墨果浸泡在莱茵葡萄酒中，放在阳光下暴晒或炉子上加热。然后用毛巾过滤这黄色液体，同时挤压墨果。再将液体装入瓶中，加入与面粉混合的绿矾，放在温暖的地方静置几天，偶尔用勺子搅拌一下，这样就能得到优质的墨水了。如果蘸了墨水的笔写出来的墨迹不够黑，就放点磨成粉末的树脂来加深颜色，这样就可以随心所欲地书写了。"

这种早期的墨水与我们现在的墨水有一个奇特的不同之处。当人们用这种墨水写字时，刚写出来的字迹是非常浅的，要过一段时间才会逐渐变黑。而我们现在的墨水更好用，是因为我们往里面添加了一些染料。因此，书写者可以立刻看到清晰的字迹，而不是等到读者看到时字迹才完全显现出来。

在谈论墨水的时候，我们都把那个修士给忘了。在开始抄写之前，他会仔细地给书页划线。他用的是一根铅条——铅笔的老祖宗。他先是沿着书页画一条竖线来确定页边距，然后轻轻地在页面上横向画线，好让书写的行保持笔直。他的铅条留下的痕迹很淡，但用来划线是足够了。接着，他会念一段祈祷词，然后开始写第一行。如果他会画画，他会先画一个大写字母来开启句子的第一个单词。当然他不会只简单地画个"S"，而是会画一幅两只公鸡打架的图画。有些抄写员甚至会为章节的首字母绘制完整的插图，用来装饰书页。有时候他们会画些奇怪的怪物：长着人头的狮子、有着鱼尾的鸟，以及各种各样虚构的动物。这些装饰性的字母不是用黑色来画的，而是用红、绿、蓝等颜色。其中红色最为常见。至今，俄罗斯人仍然把段落的第一行称为"红行"，尽管现在的书中，所有的字母都是同一种颜色了。

表示字母"S"的图画

还有一个不同之处：我们现在将"红行"向内缩进，与页面边距对齐。而在中世纪，抄写员却恰好相反，他们会将"红行"伸出段落之外，也就是说，"红行"会比页面上其他行更长，而不是更短。

画完这个首字母后（如果他不会画，就先空着，等着别人来画），我们这个修士就开始慢慢地逐行抄写正文了。他不着急，因为他不想出错。当时所有的书都是用拉丁文写的，但很少有人真正精通这门语言。因此，在抄写那些自己都不懂得什么意思的单词时，是很容易出错的。事实上，那些中世纪的手稿确实有很多错误。

抄写员把字母写得很紧凑。因为羊皮纸很珍贵，他必须节省着用。要知道，要制作一本如此厚的羊皮书得用一整群牛犊的皮呢。有时候，虔诚的世俗信徒会给修道院捐赠羊皮纸，比如某个靠拦路抢劫发了大财的骑士，或是某次出海平安归来的商人，又或是某个来到修道院祈求圣塞巴斯蒂安保佑的有封地的伯爵（圣塞巴斯蒂安是该修道院的守护神）。但这种情况很少见。因此，为了节省空间，抄写员会缩写很多单词，比如，把"people"写成"ppl"，将"Jerusalem"写成"Jm"。

就这样，他连续工作数周、数月。抄写一本五百页的书至少得花一年时间。长时间伏案工作，令他的后背疼痛不堪，疲惫的双眼盈满泪水，但这位老者毫不怜惜自己。因为他坚信，当他一笔一画地书写时，圣塞巴斯蒂安正从天上俯视着他，细数着他用芦苇笔精心书写了多少个字母，在书页上像犁地一样留下了多少行字。每一个精心绘制的字母都意味着又一项罪孽得到赦免、被宽恕。而这位谦卑的修士深感自己正背负着许多罪孽，如果不虔诚祷告，就会堕入地狱，掉进熊熊燃烧的火炉——直接落入撒旦的魔掌之中。

一个小时过去了，两个小时过去了。他渴望能稍作休息，舒展一下酸痛的背部。但他认为这是魔鬼在他耳边悄悄怂恿的邪恶愿望。每个人的身边都被无数魔鬼包围着。不久前，有位修士告诉他，另一位修士亲口说自己看到了一群长着鼠鼻和长尾巴的魔鬼，这些邪恶的家伙专门干扰他做虔诚的工作，不断碰撞他的手，打翻墨水瓶，甚至在书页中间跳起舞来。

终于，书抄写完成了。洪多吉努斯修士满怀爱意地看着这些书页，它们看上去就像开满鲜花的田野。鲜艳的红、蓝字母在每一页上都格外醒目。这本书倾注了他多少心血啊！多少个无眠之夜，洪多吉努斯修士从硬邦邦的床上爬起来，点亮蜡烛，坐下来继续工作。风呼啸着穿过遮蔽小窗的百叶窗。他的鹅毛笔吱吱作响。一行又一行的字就这样被写在了泛黄的羊皮纸书页上。当他大限将至，撒旦与圣彼得（基督教早期领袖）争夺这位有罪修士的灵魂时，所有这些无眠之夜，所有这些写下的字行，都会被一一细数，算到他的功劳簿上。

洪多吉努斯最后一次把笔蘸进墨水瓶里，并提笔写道："光荣的殉道者啊，请记住，罪孽深重的洪多吉努斯修士在这本书中讲述了您伟大的神迹。愿您帮助我进入天堂，免受罪孽的惩罚。"

在随后的几个世纪里，也出现了专职的抄写员，不过，他们仍然都是宗教修会的成员。在那个时代，抄写员习惯在书的结尾处写上几句关于自己的话。他们认为抄写是虔诚的工作，但同时也没有忘记为自己的劳动索取世俗的报酬，也就是工作的酬金。以下是某位虔诚的老者在抄写完一本书时留下的文字：

"公元 1745 年，在圣托马斯节后第十二天，这本祈祷书由利希滕斯坦的约翰内斯·赫尔弗亲笔抄写完成——一名苏黎世的市民。这项工作是根据我的修会兄弟、福斯纳赫修会会长马丁的命令完成的，用以为其父母、其他家人，以及所有市民的灵魂祈求救赎。这本祈祷书的价格是 52 古尔登[①]。请为抄写员祈祷。"

有些抄写员会用诙谐的小对句来为他们抄写的书收尾，比如：

"书已至此完！无须再多言。

快把报酬付给抄写员！"

或者：

"书已完成！该是时候，

给抄写员点买酒钱！"

一本古老的羊皮书是什么样子的呢？通常是一本厚重的大部头，外面用两块结实的木板作为封面，外覆皮革，内衬某种

---

① 古尔登：又译为"盾"，是一种曾在欧洲广泛流通的货币单位，源自中世纪的德国，最初的含义是"黄金币"，指的是 14 世纪由神圣罗马帝国铸造的金币。

布料。书脊用装饰性的铜质镶边加固，使得整本书看起来更像一个精致的箱子而不是一本书。此外，这种书还配有铜扣或锁，目的是防止书因过重而变形。

也有更华贵的装帧，是用漂亮的织锦摩洛哥皮革或天鹅绒制成的，外加金银条带和搭扣作装饰，还镶嵌着宝石。而那些为国王和贵族制作的奢华书籍，不仅装帧华丽，甚至书中的每一页都闪烁着银光、金光和宝石的辉芒。有些流传至今的书是用染成紫色的羊皮纸制作的，上面的文字是用金或银书写的。随着时间流逝，原本鲜艳的紫色已经变成暗淡的紫罗兰色，银字则氧化成了黑字。但这样的书想必曾经如日落时分的天空一般光彩夺目。

一本又大、书写又精美、装帧又雅致的书并非出自一人之手，而是六七个人共同合作的成果。第一个人负责粗略地切割皮革，第二个人用浮石将其打磨光滑，第三个人负责书写正文，第四个人绘制那些装饰的字母，第五个人画小型插画，第六个人通篇检查确保没有错误，第七个人则负责装订。但有时候，也会有修士独自完成所有工作：他从一张牛犊皮开始，在没有任何人协助的情况下，独自将其制成一部书写精美、装帧华丽的手稿。

第五章

# 最后的胜者：纸张

正如纸莎草纸终有一日不得不让位于羊皮纸一样，羊皮纸最终也不得不让位给纸张，也就是我们都很熟悉的书写材料。中国人发明了造纸术。大约 2000 年前，当欧洲的希腊人和罗马人还在用埃及的纸莎草纸书写时，中国人已经掌握了造纸的方法。

中国人用来造纸的原料是竹纤维、某些种类的草和破布。他们将这些原料放入捣浆臼中，加水混合后研磨成纸浆，然后用这种纸浆做成纸。他们使用的模具是一个带有网状底部的结构，底部的网是用竹条和丝线编织而成的。接下来，他们是这样造纸的：首先，将纸浆倒入模具中，并向四面八方摇动，使纤维相互缠绕，形成团状；其次，水会透过网流走，只留下脱水的纸料；接着，小心翼翼地把纸料取出来，均匀摊在木板上，再放在阳光下晒干；最后，将多张晒干的纸张叠在一起，放到木制的压平机下压平。时至今日，中国有些地方仍在使用这种手工造纸的方法。

手工造纸的中国人

中国人是了不起的民族！从纸灯罩到书籍，再到瓷花瓶，他们在发明和制造上总是展现出非凡的耐心和智慧。每次我看到中国人在街上卖灯笼、扇子或灯罩时，我就会想起这个民族在瓷器、印刷术、火药、造纸这些发明上远远领先于所有欧洲国家！

许多年过去后，纸张才从亚洲传入欧洲。这是怎么发生的呢？公元704年，阿拉伯人征服了中亚的撒马尔罕城。和其他战利品一起，他们还从那里带回了造纸的秘密。于是，在被阿拉伯人征服的国家中，如西西里、西班牙和叙利亚，造纸厂纷纷兴起。

又过了许多世纪，欧洲才出现造纸厂，或者像他们当时称呼的"纸磨坊"。到了13世纪，德国、法国和意大利都有了这样的磨坊。德国商人来到诺夫哥罗德城（位于俄罗斯西北部）做生意时，把意大利制造的纸张带到了俄罗斯。不过后来，俄罗斯在离莫斯科约30公里的坎尼诺村也建起了"纸磨坊"。

所以，纸张最终抵达俄罗斯，从中国途经撒马尔罕、叙利亚、意大利和德国，几乎绕了地球一圈。在这个过程中，造纸所用的原料也发生了变化。在欧洲，人们开始用旧亚麻布来造纸。起初，欧洲人并没有意识到纸张的价值。他们只在纸张上书写一些无须长期保存的内容，而书籍仍然使用羊皮纸。但后来，纸张逐渐取代了羊皮纸，而且人们学会了制造更坚韧、更

耐用的纸张。渐渐地，人们尝试在纸张上写书，但为了增加其耐用性，每隔两页就插入一张羊皮纸。又过了大约100年，羊皮书就变得很罕见了。

这种变化是必然的。过去只有修士才受教育，而后来学校如雨后春笋般涌现。年轻人渴望知识，纷纷涌向大学城。在巴黎，学生们占据了塞纳河左岸的整个城区，此地至今仍被称作"拉丁区"。而这些喧闹、快乐却又总是饥肠辘辘的学生，对书籍和笔记本有着迫切的需求。贫穷的学生怎么可能有钱买得起羊皮纸呢？于是，人们开始为这些求学的年轻人提供价格便宜的纸质书籍。

因此，写书不再只是虔诚修士的专属了，还有那些无忧无虑、争强好胜的学生。学生并不在意书籍的美观或字迹的清晰程度，他们经常在章节开头的首字母旁画一些滑稽的丑脸，或者画上讽刺教授的圆滚滚的小动物。他们对书籍几乎没有敬畏之心。在课本的空白处，他们会画些丑陋的脑袋，还在下面写着无礼的批注，比如"胡扯""废话""你撒谎"等。

瞧瞧下图中的学生！他正坐在他那狭小的阁楼房间里写字。在他面前放着一个牛角形状的墨水瓶，墨水瓶插在桌子上的一个洞里，还有一盏冒着烟的油灯和几支鹅毛笔。尽管已是深秋，房间里却没有暖气。前天晚上，这个学生试图从一艘停靠在码头的驳船上偷几根柴火，但不巧被夜巡警抓住，挨了一顿毒打。

而他家里唯一的食物是一块硬邦邦的、不新鲜的面包和一壶水。

正在写字的学生

他看上去瘦骨嶙峋、衣衫褴褛。他剃光的头顶（行削发式①）象征着他完成了修道院学校的启蒙教育。然而，除了这个象征性的削发，他与修士并无相似之处。他脸上的伤口和瘀青表明他最近刚打过一架，很可能是和某个鞋匠铺的学徒打的。

迄今为止，这名学生的生活充满了艰辛。他先是在修道院学校挨打受罚，被尺子打指关节，遭受各种各样的体罚。接着，他四处流浪，从一个庄园到另一个庄园，当一个临聘教师。有时能挣到一点微薄的薪水，但更多的时候，他常常挨饿受冻，夜晚就睡在路边的沟渠里，或者从农民的小屋里偷只正在睡觉

———————————

① 行削发式：又叫剃发礼，是一种宗教仪式，盛行于天主教中，特别是在中世纪修道院中的修士，类似于佛教在出家时会举行的剃度仪式。在剃发礼中，受礼者的部分或全部头发被剃去，表示他们放弃世俗的身份，献身于信仰。中世纪时，修道院学校的学生也可能接受剃发礼，标志着他们成为宗教教育的一部分。

的鸡。后来，他在钟楼上待了六个月，每逢节日敲钟召集人们去教堂。最终，他来到了大城市，进入大学，融入了同乡们的团体。大家给他取了个绰号"高个子教皇"，可能是因为他的身高、修士式的外貌吧。此后，他投身于各类学术话题的激烈讨论，纵情于饮酒作乐，也不时卷入打架斗殴之中。令他最苦恼的是，口袋里总是空空如也。偶尔，他能找到一点活儿干，比如为邻里的市民抄写弥撒书或圣歌。

这些想法一个接一个地在这名学生的脑海中闪过。他的手在纸上缓慢地移动。他的头渐渐垂向桌面，有规律的鼾声代替了笔尖划过纸面的沙沙声。小油灯冒着烟，把房间的墙壁熏得乌黑。几只老鼠肆无忌惮地在房间里窜来窜去，在角落里吱吱叫着。它们在寻找那块面包——那是这名学生明天的晚餐。但他什么也听不见。他睡着了，梦见自己明年可以戴上学士圆帽，顺利拿到学位。

然而，几乎就在同一时间，在德国美因茨城，约翰内斯·古登堡正在看着他刚刚印刷出来的第一本书，这是世界上第一本用印刷机印刷的书。的确，这本书还没有大写字母，留待经验丰富的抄写员手写补上，但其余所有的文字都是用印刷机印刷的。从字母的形状和文字的排版来看，这本书与抄写员制作的书籍非常相似。不过，明眼人都能一眼看出其中的差别：那些清晰可读的黑色字母像阅兵式上的士兵一样整齐、笔直地排列着。再过几个世纪，世上将不再需要抄写员了。书籍不再由贫穷的学生或虔诚的修士抄写，而是由钢铁巨人——印刷机来完成。

印刷机的发明进一步增加了对纸张的需求。每年都有越来越多的书籍从印刷机流向书店。最终，人们发现光靠破布已经无法生产出足够的纸张，必须找到其他原料。如今，只有高档纸才用破布制成，而我们使用的普通纸张，如大页书写纸、报纸和包装纸，都是用木材制成的。

古登堡用印刷机打印第一本书

成品纸看起来与破布或木材毫不相关。但实际上，它们之间有着很大的相似之处。仔细观察一根折断的火柴和一根从布料中抽出的线头，你就会发现它们都是由非常细的纤维组成的。而纸正是由这些纤维制成的。如果撕下一小片纸并将其边缘对着光线观察，你就能一下子看出来了。

造纸的过程包括将破布或木材捶打、拆解成单独的纤维，去除所有的树脂、油脂和灰尘，然后将这些纤维铺成薄而均匀的一层薄片，也就是一张纸。这是怎么做到的呢？我们从头说起：有位家庭主妇扔掉了一件旧衬衫，衬衫穿了多年已经破旧不堪。第二天，一个收破布的来到院子里捡走了衬衫，并将其和收集到的其他破布一起带到了一个仓库。在仓库里，人们将这些破布分类——把亚麻布、棉布和混纺布分别归类，然后打包装进袋子，送往工厂。

在工厂里，破布首先要经过仔细蒸煮，以杀死所有病菌。因为这些破布来源广泛，有的来自肮脏的地窖、医院，有的甚至来自垃圾堆。之后，将破布烘干，并把灰尘全部拍打出来。工厂里有专门的机器来处理这项工作，一天就能清理数千磅的破布。试想，若用手工持棍拍打，该扬起多么大的灰尘啊！清洁过的破布随后被扔进碎布机，撕成小碎片。接下来，必须去除所有杂质。工厂里有一个大锅，破布会被放在里面用碱液或石灰煮沸。接着对破布进行漂白，再用一台特殊的机器把它们磨成纸浆。

至此，第一步工作已经完成，破布被加工成由细小纤维组成的纸浆。然而，最困难的部分还在后面：将这些纸浆模制成纸张。这一步由一台大型机器来完成。实际上，这不是一台单一的机器，而是由许多小机器组成的流水线。纸浆从一端进入，成品纸从另一端出来。首先，纸浆进入沙箱——一个底部带有筛网的箱子。当纸浆通过这个箱子时，混入其中的沙粒会沉淀到底部。接着，纸浆流入除节机——一个带有孔洞的滚筒，它不断搅动，使结块和杂质留在滚筒内，而干净的纸浆则穿过孔洞流出，落到一张网上。这让我们想起在中国手工作坊里看到的那种网。只不过这张网不是用手摇动的，而是由两个滚筒拉伸并不停运转，将纸浆向前输送。

最终，湿纸页从网上转移到一条布带上，布带将其输送到一系列滚筒处。一些滚筒将水分压出，另一些滚筒内部通过蒸汽加热，将湿纸彻底烘干。最后，纸片通过刀片被切割成所需尺寸的纸张。

也许你已经对这些关于造纸的讲述感到厌烦了，但我相信，如果你能亲眼看到这一切，你一定不会觉得无聊。想象一下，一台机器横贯整个巨大的厂房，从一头延伸到另一头。几乎看不到工人的身影，但工作却从未停止，而是全速进行着。有些机器每天可以生产超过 20 万磅的纸。这种机器上的网带一天运行的距离相当于从费城到哈里斯堡的距离。

用木材制造纸张的过程也是如此，唯一的区别在于第一步。木材与破布不同，需要用不同的机器和方法将其分解成纤维，并去除杂质。我们再从头说起：树林里长着一棵冷杉树，冬天到了，人们锯倒了这棵树，砍掉绿色的树枝和树梢，沿着雪橇道把它拖到结冰的河面上。春天来了，河面上的冰雪融化了，木材顺着小河漂到一条更大的河里。在那里，木材被扎成木筏，快活的筏工们登上木筏，顺流而下。日复一日，远处终于出现了造纸厂的烟囱。他们把木材从河里拖到岸上。

接下来，木材的"磨难"开始了！它们首先被剥去树皮，然后被切成木块。接着，碎木块被送入筛子进行筛选，再被送入锅中蒸煮。不过，木材不像破布那样用碱液煮，而是用酸液煮。随后，木材被冲洗干净，被分解成纤维，并去除木节。最终，这些纤维被送到大型造纸机的网上。于是，经过一台台机器的处理，这棵冷杉树最终变成了纸张。

我们的纸张用途广泛，但也有一个缺点，就是不太耐用。这主要是因为漂白过程。纸张在漂白时会被浸泡在漂白石灰溶液中，而这种溶液具有很强的腐蚀性。除非用纯破布制造，否则纸张会逐渐变脆、发黄。我们的书籍能否流传到几千年后的后代手中？也许某位中世纪修士用羊皮纸书写的手稿，会比我们用最先进的印刷机印制的书籍保存得更久。

我们现在的纸张与最早印刷书籍所用的纸已有很大不同，我们现在的钢笔与古代的书写工具更是相去甚远。如今，我们只是保留了"钢笔"这个名称。这种现象并不少见，词汇往往比它们所代表的事物寿命更长。例如，"修笔刀"现在已经不再用来修整笔尖了。六年前正好是钢笔诞生一百周年。1826 年，梅松发明了一种冲压制造钢笔的机器。这些钢笔迅速普及，取代了曾服务人类数百年的鹅毛笔。

鹅毛笔

　　想到我们的曾祖父母那会儿还在用鹅毛笔写字，着实有些不可思议。不久之前，在伦敦的弗利特街，还有一些职员从早到晚忙于为法院制作鹅毛笔。这是一项非常耗费体力的工作，需要长时间的练习。鹅毛笔得削出合适的斜面，磨尖，还要劈开笔尖。这可比削铅笔难多了。在钢笔出现前不久，一位发明家推出了一种用鹅毛制成的小笔，可以插进笔杆中使用。也就是说，笔杆的出现先于钢笔，并非如你可能以为的那样与钢笔同时问世。

　　铅笔比钢笔早诞生大约一百年。法国人雅克·孔特是第一个用石墨粉和黏土混合制作铅笔的人。加入黏土是为了让铅笔不那么脆。将这种混合石墨压制成小棒，嵌入一块木板上的凹槽中，再取另一片带有相应凹槽的木板盖在上面，然后把两片木板合在一起。接着，把这块组合木板送入刨削机，切割成六支单独的铅笔。最后，把铅笔打磨光滑并包装成盒，就大功告成了。

看起来，铅笔和钢笔可能不会像它们的前辈——铁笔和鹅毛笔那样长寿。打字机已经在大型机构中取代了钢笔。而我毫不怀疑，不久之后，每个学生都会在口袋里揣着一台袖珍打字机。

第六章
# 书的命运

有一句拉丁谚语是这么说的："每本书都有自己的命运。"书的命运往往比人的命运还要离奇。以希腊诗人阿尔克曼的作品为例。这卷纸莎草卷轴以一种极其奇特的方式流传至今。它就像人一样，真的被埋葬了。如果不是被埋葬，也许早就湮灭了。古埃及人有个习俗，他们会将逝者制成木乃伊（经过防腐处理的遗体），并把逝者生前所有的文件和书籍放入墓穴中一同埋葬。几千年前人们写的信件、学术书籍和诗歌，就这样一直放在木乃伊的胸口，留存至今。

埃及的墓穴保存了许多书籍，而其他书籍在图书馆中却未能保存下来。埃及最大的图书馆——亚历山大图书馆，在亚历山大城被尤利乌斯·恺撒的军团攻占时被付之一炬。数百万卷书籍在火海中化为灰烬，多少精彩的手稿就此消逝！流传到我们手中的，只有图书馆目录的一些残片。曾经让读者欢笑或落泪的精彩作品，如今只剩下书名，就像早就逝去的人已被世人遗忘，只留下刻在墓碑上的名字。

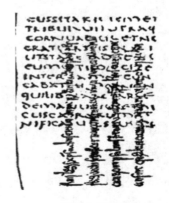

一书两文的手稿

　　更令人称奇的是那些因人们试图销毁却反而得以保存的书籍的命运。或者更确切地说，他们试图销毁的是书上的文字，而不是书籍本身。在中世纪，羊皮纸非常昂贵，人们会用刀刮去原有的文字，然后在上面书写圣徒的生平，取代原来的希腊诗歌或罗马历史著作。当时甚至有专门从事这种刮改工作的人，他们的工作就是损毁书籍。如果不是我们如今掌握了修复这些被毁书籍的方法，许多书籍早已在这些"刽子手"的手中消失殆尽。这些被刮改的手稿就是所谓的"重写本"。

　　羊皮纸的吸墨性强，墨水已经深深地渗入羊皮纸，即使是最用力地刮擦也无法完全去除文字的痕迹。如果将手稿浸泡在特定的化学药剂中，原文字迹的蓝色或红色轮廓就会再次显现出来。但别高兴得太早，因为经过这种处理后，手稿往往会很快变黑，最终文字变得模糊不清，无法阅读。如果用从栎瘿中提取的酸来修复这些重写本，就会出现这种情况。在每一个大型图书馆里，都有几本这样经历了二次"死亡"的手稿。

　　据说，某位学者在修复一些重写本时，出于掩盖自己翻译错误的目的，竟故意毁掉了一些手稿。

　　后来，人们开始使用其他物质代替鞣酸，这些物质能让手稿上的旧文字短暂重现。趁文字还清晰可见时，他们迅速拍照，然后洗去这些化学物质。据最新消息称，现在无须任何化学处理，就能拍摄到重写本上隐藏的文字。

如果说书籍有毁灭它们的敌人，那也不乏帮助它们的朋友。正是那些人，在埃及的坟墓里、赫库兰尼姆和庞贝的火山灰下，以及修道院的档案室中，让书籍重见天日。其中，有一个有趣的故事，讲述了一个名叫西皮翁·马菲的爱书人是如何发现意大利维罗纳的牧师会图书馆的。

现存最古老的拉丁手稿所在地

关于牧师会图书馆的寥寥信息，只在一些多年以前到过维罗纳的旅行者的游记中有记载。这座图书馆以藏有珍贵的拉丁手稿而闻名，而马菲所知的唯一线索是，两位著名学者——马比荣和蒙福孔曾经试图寻找它，但未能成功。然而，马菲并未因他们的失败而气馁。虽然他并非一位博学的古文字学家或手稿鉴赏家，但他还是满怀热情地开始了自己的搜寻。最终，他确实找到了这座图书馆，就在之前那些学者无功而返的地方——维罗纳修道院的图书馆内。那些手稿并不在书架里，而是被遗忘在书架的顶部，在尘土和杂乱中覆盖了多年。此前没

有人想到要爬上梯子去查看书架的顶部。当马菲爬上梯子，终于发现这些被忽视的手稿时，他高兴得几乎晕倒，现存最古老的拉丁手稿就在那儿静静躺着！

有朝一日，我应该写一本书，讲讲书籍的奇遇：讲述那些在亚历山大图书馆大火中被烧毁的书，讲述那些在修道院图书馆中遗失的书，讲述那些在宗教裁判所的火刑中被焚毁的书，以及那些在战争中被销毁的书。

此刻，我满怀遗憾地结束这最后一章，因为对于书籍这样奇妙的发明，我讲述得实在太少了。

# 附录：中国书籍的故事

## 【导读】

在人类文明的灿烂星河中，书籍始终散发着独特而迷人的光辉。它是知识的宝库，是智慧的结晶，更是连接过去、现在与未来的桥梁。对于中国书籍而言，其漫长而丰富的发展历程，宛如一部波澜壮阔的史诗，承载着中华民族数千年的文化传承与创新，每一页都书写着动人的故事。

阅读中国书籍的发展历程，就像是一场穿越时空的文化之旅。我们能从中看到先辈们的智慧与执着，感受到中华民族生生不息的文化脉搏。这不仅是对过往的回顾，更是对未来的启迪。接下来，让我们一同探寻那些隐藏在中国书籍字里行间、书页背后的动人故事，感受中国书籍的独特魅力，在知识的海洋中汲取无尽的力量，继续传承和弘扬中华民族优秀的文化传统，推动人类文明的不断进步。

第一章
# 远古的萌芽

# 刻在龟甲兽骨上的"书"

早在3000多年前的商朝，中国便出现了一种别具一格的"图书"形式——甲骨文。当时，人们生活在对自然未知的敬畏与对神灵的尊崇之中，同时，出于对生活轨迹留存的渴望，他们将文字悉心刻写在龟甲和兽骨之上。这些刻痕虽质朴无华，却如同一座古老的智慧宝库，蕴藏着无尽深意。它们不仅是汉字的萌芽形态，更是中国图书最本初的模样。

甲骨文所记录的内容包罗万象，恰似一幅远古时期的社会长卷，涵盖祭祀、战争、农业、天文历法等诸多领域。比如，从甲骨文中有关祭祀仪式的记载里，我们能清晰了解到古人对祖先和神灵的顶礼膜拜。像商王武丁时期，有诸多甲骨文记载了他对先妣（即母亲一辈的女性祖先）的祭祀。武丁重视祭祀，认为通过隆重的仪式能获得祖先庇佑，让国家风调雨顺、国泰民安。祭祀时，须准备丰盛的祭品，牛羊豕等牲畜必不可少，还有美酒佳肴。祭祀由专门的神职人员主持，遵循严格的程序，从卜筮确定祭祀日期，到祭祀过程中的行礼、献祭、祝祷等环节，每一步都不能有差错，复杂而庄重，尽显古人对神灵和祖先的敬畏之心。

而有关战争的卜辞，宛如一部生动的古代军事志。在商与周边方国的战争记载中，有一片甲骨记录了商王征伐土方的过程。通过上面的文字，我们看到当时出征前商王会进行占卜，询问吉凶，以决定是否出兵以及出兵的时机。甲骨还会详细记录战争中军队的调动、行军路线、兵力部署等，为我们展现了古代军事活动的场景和战略战术，如商王有时会采取分兵合击的策略，从不同方向对敌方进行包围，力求一举获胜。

甲骨文的发现充满传奇色彩。清朝末年，河南安阳小屯村的农民在翻耕土地时，时常挖出一些带有刻痕的龟甲兽骨，起初他们以为是普通的龙骨，多当作药材售卖。直到 1899 年，金石学家王懿荣因病抓药，在一味"龙骨"上发现了奇异的刻痕。凭借深厚的金石学造诣，他敏锐地意识到这可能是一种古老的文字。此后，经学者们不断研究考证，甲骨文终于重见天日，为世人所知。

甲骨文的发现，犹如一把神秘的钥匙，开启了研究中国古代文明的大门。作为中国图书发展史上的重要起点，甲骨文为后世图书的演变铺就了基石。

甲骨文

# 竹简木牍的登场

在历史长河的缓缓流淌中，甲骨文虽曾开启了华夏文明记录的先河，却渐渐难以负荷日益增长的记录需求。时光流转至春秋战国时期，文化的蓬勃发展如燎原之火，对书写材料提出了更高要求，竹简和木牍应时而生，登上了历史的舞台，成为主要的书写材料。

竹简和木牍之所以备受青睐，源于它们取材方便，制作流程也相对简单。人们只需将竹子或木材削成狭长的条状，经过烘烤去除水分以防虫蛀腐朽，再精心刮削打磨光滑，便可在上面挥毫书写文字。而后，用坚韧的绳子将这些竹简或木牍按顺序编连起来，一本早期的书籍就此诞生了。

在那个文化繁荣、百家争鸣的黄金时代，诸多经典著作最初便是以竹简木牍的形式流传于世。其中，《论语》记录了孔子及其弟子的言行，蕴含着儒家的"仁爱"思想。孔子一生周游列国，广收门徒，他的思想通过弟子们记录在竹简上得以传承。有一次，孔子的弟子子贡问政，孔子回答："足食，足兵，民信之矣。"这样简洁而深刻的对话被记录在竹简上，历经千年，依然闪耀着智慧的光芒。后来，这些竹简上的内容被整理成册，成为儒家学说的经典之作，影响着一代又一代的中国人。

同样，《孟子》也是以竹简木牍为载体传播着孟子的"仁政"

理念。孟子见梁惠王时，力陈"仁者无敌"，主张君主以民为本，与民同乐。这些言论被详细记录在竹简上，在士大夫阶层乃至民间广泛流传。孟子的思想通过竹简传播，为儒家思想的发展注入了新的活力，也让更多人了解到儒家对于社会治理和民生关怀的深刻思考。

在那个思想激荡的时代，竹简木牍承载着诸子百家的思想精华，成为传播知识、交流学术的重要载体。道家的老子在函谷关应关尹子的请求，将自己的"无为"哲学著于竹简，留下了千古名著《道德经》。这五千余字的智慧结晶，通过竹简的辗转流传，让道家思想在华夏大地生根发芽。人们在竹简上领略"道可道，非常道；名可名，非常名"的深邃，感悟"无为而治"的治国理念和顺应自然的生活哲学。

墨家的墨翟，一生为了践行"兼爱""非攻"的主张，四处奔走。他的弟子们将其言行事迹记录在木牍之上，形成《墨子》一书。书中记载了墨子阻止楚国攻打宋国的故事，墨子听闻消息后，日夜兼程，脚磨出了泡，撕下衣服裹住继续前行，最终成功说服楚王放弃攻宋。这段故事被刻写在木牍上，让后人看到墨家为了和平与正义不懈努力的精神，也让墨家思想随着木牍的传播深入人心。

尽管竹简木牍体积庞大、携带不便，秦始皇每天要批阅的竹简奏章重达百斤，出行时需要用好几辆车来装载书籍。但它们在很长一段时间内，是中国文化传承的主要工具。它们跨越山川湖海，穿越战火纷飞，将先人的智慧和思想传递给后世子孙，为中华民族的文化积淀做出了不可磨灭的贡献。

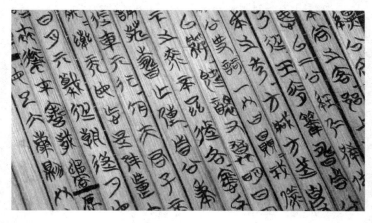

竹简木牍

第二章

# 书写材料的变革

# 蔡伦的伟大创举

竹简和木牍的出现，虽在一定程度上缓解了书写材料的困境，但新的问题接踵而至。至于丝绸，其质地轻柔、光滑细腻，本是绝佳的书写材料，可高昂的价格却让它成为贵族阶层的专属奢侈品，普通百姓只能望而却步，难以普及。

东汉时期，一位名叫蔡伦的智者在历史的舞台上闪亮登场。蔡伦出身平凡，却对世间万物充满好奇与探索精神。他自幼入宫，在宫廷的作坊中积累了丰富的工艺知识和实践经验。面对当时书写材料的种种弊端，蔡伦决心改变这一现状。他深入民间，四处走访，总结前人经验，开始了一场伟大的造纸术改进之旅。

蔡伦以树皮、麻头、破布、旧渔网等看似毫不起眼的废弃之物为原料，运用自己的智慧和精湛技艺，经过一系列复杂且精细的工艺，如浸泡、蒸煮、舂捣、抄纸、晾晒等，终于制造出了质地轻薄、价格低廉、便于书写和保存的纸张。这一突破性的发明宛如一道曙光，照亮了知识传播的道路。

蔡伦的造纸术一经问世，便如星星之火，迅速在华夏大地蔓延开来。从繁华的都市到偏远的乡村，纸张逐渐取代了以往的书写材料，成为人们记录知识、传承文化的首选。文人墨客们得以在纸张上尽情挥洒才情，创作出无数脍炙人口的诗词歌赋；学者们能够更便捷地整理和传播学术著作，推动了文化的繁荣与发展。

不仅如此，蔡伦的造纸术还通过丝绸之路，沿着漫长的贸易路线，传播到了世界各地。在中亚，纸张的传入改变了当地的书写习惯，促进了文化的交流与融合；在欧洲，造纸术的出现打破了羊皮等书写材料的垄断，为文艺复兴和思想启蒙运动提供了重要的物质基础，推动了人类文明的大步迈进。

蔡伦，这位伟大的发明家，以其卓越的智慧和不懈的努力，彻底改变了图书的书写和传播方式，为人类文明的进步做出了不可磨灭的贡献。他的名字，与造纸术一同，永远镌刻在历史的丰碑上，熠熠生辉，激励着后人不断探索创新，追求更加美好的未来。

蔡伦像

# 纸张对图书发展的深远影响

魏晋南北朝时期，纸张的广泛应用，为书法艺术的蓬勃发展提供了肥沃土壤。那时，社会动荡不安，但文化艺术却呈现出繁荣景象。文人墨客们在纸张上尽情挥毫泼墨，将情感与才情倾注于笔端。王羲之便是其中的佼佼者，他的《兰亭集序》被誉为"天下第一行书"。在一个春日的兰亭雅集上，王羲之与一众好友饮酒赋诗，趁着微醺，他在纸张上写下这千古名篇，其笔法精妙、气势流畅，字里行间尽显魏晋风度。这一珍贵的书法作品不仅是艺术瑰宝，更成为图书的重要组成部分，被后人反复临摹、传颂，承载着中国书法艺术的精髓流传至今。

此外，纸张的特性为印刷术的发明奠定了不可或缺的基础。纸张质地均匀、表面平整，能够完美适配印刷工艺的操作要求。正是在这样的条件下，雕版印刷应运而生。唐代的《金刚经》是世界上现存最早的标有年代的雕版印刷品，它的诞生标志着图书制作进入了一个新的阶段。随后，活字印刷术的发明更是让图书的大量复制成为可能，极大地提高了知识传播的效率。毕昇用胶泥刻字，排版印刷，让每一个活字都能重复使用，大大降低了印刷成本，使得更多的书籍得以问世，知识的传播变得更加迅速和广泛。

纸张的发明，无疑是中国图书发展史上的一次重大革命。

它从根本上改变了图书的制作与传播方式，为中国文化的传承和发展提供了坚实的物质基础。

纸张

# 第三章
# 印刷术的兴起

# 雕版印刷的诞生

关于雕版印刷的起源虽无确切定论，但有许多传说故事为它增添了神秘色彩。相传，在隋朝时期，一位名叫昙捷的和尚，他心怀弘扬佛法的宏愿，却苦于佛经数量稀少，难以广泛传播。一日，他在梦中得到启示，醒来后便尝试将佛像和经文刻在木板上，然后涂上墨汁，再把纸张覆盖其上，轻轻按压，竟然成功复制出了清晰的佛像和经文。这一尝试虽然只是传说，但也从侧面反映出当时人们对高效的复制技术的渴望与探索。

到唐朝，雕版印刷术迎来了发展的黄金时期。唐朝国力强盛，文化昌盛，诗歌、绘画、书法等艺术形式蓬勃发展，人们对书籍的需求急剧增加。此时，雕版印刷术凭借其能够批量复制书籍的优势，迅速得到了广泛应用。当时，长安、洛阳等地的书坊林立，工匠们精心雕刻木板，将一部部经典著作、诗词歌赋印刷成册，这些书籍不仅在国内广泛流传，还通过丝绸之路传播到了中亚、西亚乃至欧洲，让世界领略到了中华文化的博大精深。

在众多通过雕版印刷流传下来的经典中，《金刚经》无疑是最为著名的代表之一。唐咸通九年（868年）雕版印刷的《金刚经》是世界上现存最早的、有明确日期记载的雕版印刷品。这部《金刚经》由7个印张粘连而成，全长约488厘米，卷首有一幅精美的扉画，描绘了释迦牟尼佛在祇树给孤独园为长老须菩提说法的场景，画面线条流畅，人物栩栩如生，展现了当时高超的雕刻技艺。经文部分字体工整，墨色均匀，印刷清晰。它的发现，震惊了世界，为研究中国古代雕版印刷技术的发展提供了珍贵的实物资料。

雕版印刷术的诞生，不仅推动了文化的传播，也对社会的发展产生了深远影响。它使得知识不再被少数人垄断，普通百姓也有了更多接触知识的机会，促进了教育的普及和文化的繁荣。许多文人学者的作品通过雕版印刷得以广泛流传，他们的思想和才华得以被更多人知晓和欣赏。同时，雕版印刷也促进了不同地区之间的文化交流，让各地的文化得以相互融合、共同发展。

雕版印刷

# 活字印刷的革新

活字印刷术的出现，使得书籍的印刷成本大幅降低，而效率却大幅提高。许多珍贵的文化典籍和文学作品得以大量印刷发行，走进寻常百姓家。例如，司马光的《资治通鉴》，这部编年体通史巨著涵盖了 16 朝 1362 年的历史。在活字印刷术的助力下，其得以更广泛地传播，让更多人能够从中汲取历史的智慧。无数文人墨客的诗词歌赋、学术著作，也因为活字印刷术而得以流传千古。

活字印刷术不仅在中国发挥了巨大作用，还通过丝绸之路等途径传播到世界各地。它传入欧洲后，对欧洲的文艺复兴和宗教改革产生了深远影响。在文艺复兴时期，活字印刷术使得古希腊、古罗马的经典著作得以大量印刷，为欧洲思想的解放和文化的繁荣提供了强大动力。马丁·路德利用活字印刷术大量印刷《九十五条论纲》，引发了宗教改革运动，改变了欧洲的宗教格局。

活字印刷术的革新，是人类文明史上的一座丰碑。从毕昇的大胆创新，到活字印刷术在世界范围内的广泛传播，这一伟大发明见证了人类对知识的不懈追求和对进步的无限渴望。

第四章

# 古代书籍的装帧形式

## 卷轴装的流行

　　追溯卷轴装的起源，还得回到久远的帛书时代。那时，丝帛作为一种贵重而珍贵的书写材料，承载着当时最为重要的文献与经典。人们将文字精心书写于帛上，为了便于保存与携带，于是把帛书粘连成长幅，在一端装上细木棍，轻轻将其围绕木棍卷起来，最初的卷轴便诞生了。这种装帧形式，不仅实用，更透着一种古朴的美感，仿佛将一段段历史故事悄然收藏进了这一卷卷的柔软棉帛之中。

　　时光流转，到了纸张普及的时代，卷轴装依然备受青睐，并不断发展完善。阅读卷轴装书籍时，人们需要从右至左，缓缓展开，仿佛是在徐徐揭开历史的神秘面纱，每一个字符都像是在诉说着往昔的故事。而当阅读结束，只须轻轻一卷，它便又化身为一个小巧精致的书卷，方便存放，不占空间。

　　在唐代这个文化昌盛、艺术繁荣的黄金时代，卷轴装达到了鼎盛巅峰。无论是在巍峨庄严的宫廷藏书阁中，还是在文人雅士的私人书房里，卷轴装书籍随处可见，成了当时文化品味与身份地位的象征。官方藏书对书籍的装帧极为讲究，选用上等的纸张与精美的丝绢，精心装裱每一部经典，彰显着国家对文化传承的重视。而民间私人藏书也毫不逊色，那些热爱诗书的文人墨客，不惜花费重金，只为求得一部装帧精美的卷轴装书籍，闲暇时，便在庭院中、书房里，悠然展开书卷，沉浸在知识的海洋中。

众多珍贵的书画作品、佛教经卷等，也都借助卷轴装的形式，得以完好地保存下来，成为中国文化艺术宝库中熠熠生辉的瑰宝。例如，唐代画家阎立本的《步辇图》，这幅描绘唐太宗接见吐蕃使者禄东赞情景的画作便是以卷轴装的形式流传至今。它不仅生动地展现了当时的历史场景，更以其精湛的绘画技艺和独特的艺术风格让后人得以领略唐代绘画艺术的卓越风采。还有那一部部承载着佛教智慧的经卷，在悠悠岁月中，以卷轴的形式被虔诚的信徒们珍藏、诵读，将佛教文化传播到了华夏大地的每一个角落。

传说，唐代大诗人白居易的诗作在当时就广为流传，许多人都以拥有他的诗集为荣。而这些诗集大多是以卷轴装的形式呈现，人们将白居易的诗作工整地抄写在纸张上，精心装裱成卷轴，或自己收藏，或馈赠亲友。每当夜幕降临，在烛火摇曳的房间里，人们轻轻展开卷轴，吟诵着"离离原上草，一岁一枯荣""同是天涯沦落人，相逢何必曾相识"等千古名句，感受着诗人的喜怒哀乐，品味着生活的酸甜苦辣。

然而，世间万物皆有其两面性。卷轴装书籍虽然有着独特的魅力，但在查阅时，却需要逐段展开，若是想要寻找某一段具体的内容，往往需要花费不少时间，十分不便。而且，对于篇幅较长的书籍，展开后犹如一条长长的巨龙，难以管理，稍不留意，就容易造成破损。随着时间的推移，图书数量如雨后春笋般不断增加，文化交流也日益频繁，人们对书籍的查阅速度和保存便利性提出了更高的要求，卷轴装这种传统的装帧形式渐渐难以满足时代发展的需求，不得不面临着变革与创新。但它所承载的历史文化价值，却永远铭刻在了中华民族的记忆深处，成为我们文化传承中不可或缺的一部分。

卷轴书

## 册页装的演变

为了克服卷轴装查阅不便、易破损等难题，经折装率先登上历史舞台。它的诞生充满了智慧的光芒，把长幅纸张依照特定宽度反复折叠，最终形成规整的长方形折页，再在前后用硬纸板或木板悉心保护。这一巧妙的设计，与佛教经卷的关联颇深。在唐代，佛教盛行，寺庙林立，僧人们每日诵读经文，卷轴装经卷在频繁翻阅中弊病尽显。一次，一位年轻的僧人在整理经卷时，望着堆积如山的卷轴，苦恼于查阅的艰难，无意间将经卷反复折叠，竟发现这样翻阅起来极为方便。这个偶然的发现，经过不断改进，便成了经折装。此后，佛教经卷纷纷采用这种装帧，在信徒们的手中，轻轻翻阅，每一页都承载着佛法的智慧，在唐代以后广泛传播，成为佛教文化传承的重要载体。

随着时间的推移，经折装虽广受欢迎，但仍有改进的空间。旋风装便在经折装的基础上应运而生。它的发明也有一段有趣的故事。相传，一位喜好藏书的文人的家中藏有大量经折装书籍，每次查阅时，虽比卷轴装方便了许多，但仍觉得不够快捷。有一次，他在整理书籍时，不小心将几页经折装书页的一侧粘连在了一起，当他拿起这本"意外之作"时，却惊喜地发现，只须轻轻展开，便能迅速找到所需内容，而且还保留了卷轴装的收卷特点。于是，他将这个方法加以推广，旋风装便逐渐流传开来。旋风装把每一页纸张的一侧粘连在长纸上，再将长纸卷起来，形似卷轴，却又能像册页一样翻阅，成为从卷轴装到册页装的重要过渡形式。

至宋代，文化繁荣达到了新的高度，图书出版业也蓬勃发展。在这样的背景下，蝴蝶装横空出世，给图书装帧带来了一场全新的变革。它将印好的书页以版心为中缝线对折，粘连在包背纸上，再裁齐成册。翻开书页，左右展开恰似蝴蝶翩翩起舞，因此得名。蝴蝶装的出现，让书籍变得美观大方，翻阅体验更是大大提升。宋代的文人雅士对书籍装帧极为讲究，蝴蝶装的精美正好契合了他们的审美追求。苏轼、黄庭坚等大文豪的著作多采用蝴蝶装，在书房案头，一本本蝴蝶装书籍整齐排列，成为宋代文化繁荣的生动写照。一时间，蝴蝶装风靡全国，成为宋代以后图书装帧的主流形式之一，无数经典著作借助蝴蝶装得以广泛流传，在历史的长河中散发着独特的魅力。

从经折装的初露锋芒，到旋风装的过渡创新，再到蝴蝶装的大放异彩，册页装的演变历程是古人智慧与创造力的结晶。它不仅满足了人们对书籍阅读和保存的需求，更承载着丰富的文化内涵，成为中华文化传承中不可或缺的一部分，见证着华夏文明的发展与传承。

册页装

# 线装书的成熟与传承

到了明代，线装书逐渐崭露头角，成为主流的图书装帧形式，续写着图书文化的传奇篇章。

线装书的诞生，源于对蝴蝶装的巧妙改良。蝴蝶装在宋代盛行一时，它以版心为中缝线对折书页，粘连成册，翻开时书页如蝴蝶展翅，十分美观。然而，随着时间的推移，蝴蝶装的弊端也逐渐显现，书页容易散落，不利于长久保存。明代的工匠们在实践中不断探索，从生活的细微之处获取灵感。据说，一位擅长制作书籍的老师傅家中有一本蝴蝶装的珍贵古籍，因翻阅次数过多，书页散落，令他十分心疼。他在修补古籍时，突发奇想，将书页的右边对齐，尝试用线将它们装订起来。没想到，这样装订后的书籍不仅牢固不易散页，而且翻阅起来更加顺畅。这个方法一经传开，便迅速得到推广，线装书就此诞生。

线装书将书页右边对齐，用线紧密装订成册，前后精心加上封面和封底。这种装订方式堪称完美，极大地增强了书籍的牢固性，再也不用担心书页散落的问题。而且，它还具有极高的灵活性，可根据实际需要随时添加书页，为书籍的制作和保存提供了极大的便利。线装书的封面设计简洁而不失典雅，通常会工整地题写书名、作者等关键信息。这些文字或飘逸洒脱，或端庄秀丽，与线装书古朴的气质相得益彰，具有极高的艺术价值。

在明代，线装书备受文人雅士的喜爱。江南才子唐寅才情横溢，他的诗词画作闻名遐迩。唐寅对自己作品的装帧极为讲究，常常选用上等的纸张制作线装书，亲自题写书名，并邀请好友文征明为其作序。他的线装作品集，不仅内容精彩绝伦，装帧更是精美典雅，成为当时文人圈中的珍品。许多文人墨客以拥有一本唐寅的线装书为荣，相互传阅、品鉴，线装书也因此在文化交流中扮演着重要角色。

线装书的魅力不仅在国内大放异彩，还远播海外。它漂洋过海，传播到日本、韩国等周边国家。在日本，线装书被称为"綫（线）装本"，受到日本文化界的热烈追捧。日本的藏书家们对中国线装书爱不释手，纷纷学习线装书的装帧技艺，并结合本国文化特色进行创新，形成了独具风格的日本线装书文化。在韩国，线装书同样受到重视，融入了韩国传统的文化元素，成为韩国图书装帧的重要组成部分。线装书的传播，促进了东亚地区文化的交流与融合，对这些国家的图书装帧产生了深远而持久的影响。

古代线装书

第五章

# 近现代书籍的发展

# 铅印技术的传入与发展

19 世纪中叶，古老的华夏大地在时代的浪潮中面临着前所未有的变局。西方列强的坚船利炮叩开了中国的大门，伴随着侵略的硝烟，西方的科技文化也如潮水般涌入。在这之中，印刷领域的变革悄然发生，铅印技术的传入，彻底改写了中国图书印刷的历史篇章。

彼时，传统的雕版印刷和活字印刷在中国已传承千年，承载着无数先人的智慧与文化传承。雕版印刷工序繁杂，一块版只能印制一种书籍，稍有错误便难以修改；活字印刷虽有一定灵活性，但效率仍无法满足日益增长的文化需求。在这个时候，铅印技术以其高效、清晰的独特优势迅速吸引了国人的目光。

铅印技术起源于西方，其使用铅活字排版，搭配机械印刷机运作，极大地提升了印刷效率和质量。15 世纪德国的古登堡发明了金属活字印刷术，开启了西方印刷业的新时代。当这一技术漂洋过海来到中国，立刻引发了一场出版行业的变革。

商务印书馆和中华书局便是这场变革中的先锋力量。商务印书馆的创立者夏瑞芳原本是一名报馆排字工人，他在接触到铅印技术后，敏锐地察觉到了其中蕴含的巨大潜力。1897 年，夏瑞芳与几位志同道合的伙伴在上海创立了商务印书馆，决心借助铅印技术，为中国的文化教育事业打开新局面。当时，新式教育兴起，教科书的需求极为迫切。商务印书馆利用铅印技术，快速大量地印刷各类教科书，解了教育界的燃眉之急。

中华书局同样不甘落后。1912年，陆费逵在上海创办中华书局。陆费逵深知铅印技术对于传播知识的重要性，他凭借着卓越的商业眼光和出版理念，带领中华书局迅速崛起。在那个救亡图存的时代，中华书局出版了众多传播新思想、新知识的学术著作和文学作品，为推动中国近代思想启蒙发挥了重要作用。

值得一提的是，鲁迅的许多作品也是通过铅印技术得以广泛传播的。鲁迅以笔为刃，试图唤醒民众，他的作品犀利深刻，充满了对社会现实的批判和对民族未来的思考。商务印书馆、北新书局等出版机构运用铅印技术将鲁迅的著作印刷成册，发行到全国各地。这些书籍承载着鲁迅的思想，如星星之火，在黑暗的时代里点燃了无数人的希望，激励着一代又一代青年投身于社会变革的洪流之中。

在铅印技术的推动下，中国的图书出版业大步迈向现代化。出版机构如雨后春笋般涌现，从繁华的都市到内地的城镇，都能看到新兴出版社的身影。图书种类日益丰富，涵盖政治、经济、文化、科技等各个领域，满足了不同人群的求知需求。与此同时，印刷技术的进步也带动了图书装帧设计的创新。设计师们借鉴西方美学理念，结合中国传统文化元素，创造出许多具有时代特色的书籍装帧作品。如陶元庆为鲁迅的《彷徨》设计的封面，以黑红两色为主调，简洁而富有张力，与书籍的内容相得益彰，成为中国现代书籍装帧史上的经典之作。

铅印技术的传入与发展，不仅改变了中国图书的印刷方式，更成为推动中国近代文化教育事业发展的重要力量。它见证了中国在时代变革中的挣扎与奋进，在文化传承与创新的道路上，留下了浓墨重彩的一笔。

铅印文字

## 数字时代的图书变革

20世纪末，随着计算机技术和互联网技术如汹涌浪潮般席卷而来，人类社会大步迈入数字化时代，图书领域也随之掀起了一场深刻的变革，数字图书应运而生，为知识的传播与获取带来全新的面貌。

在古代，人们获取知识并非易事。以匡衡为例，他幼时勤奋好学，却因家境贫寒，夜晚读书连灯油都难以负担。为了读书，他凿壁借光，在微弱的光线中如饥似渴地汲取知识。而在那个时代，书籍稀缺，哪怕是珍贵的手抄本，也仅有少数人能够拥有。活字印刷术普及后，书籍的数量有所增加，但获取和传播依旧存在诸多不便。

如今，数字图书的出现彻底改变了这一局面。数字图书以数字代码的形式存储在计算机硬盘、光盘、电子阅读器等载体中，通过电子设备即可阅读。与传统纸质图书相比，它优势尽显。存储量上，一张小小的存储卡就能容纳海量书籍，相当于一座小型图书馆；检索时，只需输入关键词，瞬间就能定位到所需内容，远胜在书架上逐本翻找；传播速度更是惊人，借助互联网，一本新书可以在瞬间传遍全球，而且成本低廉，减少了印刷、运输等环节的费用。

读者通过互联网，随时随地都能获取自己需要的图书资源，实现了阅读的便捷化和个性化。在地铁上，人们可以利用碎片时间，打开手机阅读经典文学作品；在偏远山区，学生们通过网络就能接触到世界前沿的学术著作，拓宽视野。

数字图书的诞生，为图书的出版和发行带来了新的机遇与挑战。许多传统出版社开始涉足数字出版领域，像百年老店商务印书馆，在坚守传统出版的同时，积极推出数字图书产品，将众多经典著作数字化，让古老的智慧在数字时代焕发生机。而新兴的数字出版企业也如雨后春笋般涌现，成为图书出版行业的新生力量。字节跳动旗下的番茄小说，凭借算法推荐和免费阅读模式，吸引了大量用户，改变了网络文学的出版和传播格局。

　　尽管数字时代图书的形态和传播方式发生了翻天覆地的变化，但图书作为知识和文化载体的本质从未改变。它依旧是人们获取知识、启迪智慧、丰富精神世界的重要途径。就像古代的文人墨客在竹简、线装书中探寻真理，如今的人们在数字屏幕上汲取知识的养分。时代在变，阅读的价值永恒，数字图书正以全新的姿态，续写着人类文明的新篇章。

图书光盘

# 第六章

# 中国汉字的演变

在人类文明的漫长进程中，书籍与文字宛如一对形影不离的伙伴，紧密相连，共同演绎着知识传承与文化发展的壮丽史诗。文字是书籍的基本构成元素，是开启知识宝库的钥匙。书籍则是文字的集大成者，是文字的华丽舞台。书籍与文字相互依存、相互促进。文字的发展为书籍的丰富和繁荣提供了可能，新的词汇、表达方式不断涌现，让书籍的内容更加多元、精彩；而书籍又为文字的保存与传播提供了可靠的平台，使那些珍贵的文字能够跨越时空，被后人铭记与传承。在这个信息爆炸的时代，电子书、有声书等新型书的形式不断涌现，但无论载体如何变化，书籍与文字之间的紧密联系始终不变。它们依然是人类获取知识、启迪智慧、丰富心灵的重要源泉，引领着我们在文明的道路上不断前行。

一、甲骨文：文明的曙光初绽

中国汉字的起源可追溯至距今约 3000 多年前的殷商时期，甲骨文是目前已知最早的成体系的汉字形式。甲骨文，顾名思义，是刻写在龟甲和兽骨上的文字，主要用于占卜和记录重要事件。那时的人们对自然充满敬畏，遇事常通过占卜来祈求神灵的启示。在河南安阳殷墟，大量甲骨文的出土，让我们得以一窥那个遥远时代的奥秘。

甲骨文的笔画以直线和折线为主，线条瘦劲挺拔，字形结构较为简单，但却充满了原始的生命力和象形的韵味。比如"日"

字，就像是一个圆圈中间加一点，直观地描绘出太阳的形状；"月"字则像一弯新月，简洁而生动。这些文字虽古朴，却已具备了汉字的基本特征，即象形、指事、会意、形声、转注、假借这"六书"原则中的大部分。

传说，仓颉是黄帝时期的史官，他通过观察鸟兽的足迹，受到启发，创造了文字。"仓颉作书，而天雨粟，鬼夜哭"，这个充满神话色彩的故事，反映了古人对文字诞生的敬畏与惊叹。甲骨文的出现，无疑是人类文明史上的一个重要里程碑，它让信息的记录和传承变得更加准确和持久，为华夏文明的发展奠定了坚实的基础。

十二属相甲骨文

## 二、金文：青铜时代的庄重铭刻

随着时间的推移，历史进入了商周时期，金文登上了历史舞台。金文，也叫钟鼎文，是铸刻在青铜器上的文字。商周时期，青铜器是权力和地位的象征，常被用于祭祀、礼仪等重要场合。

在这些青铜器上铸刻文字，不仅是为了记录事件，更是为了彰显家族的荣耀和传承。

与甲骨文相比，金文的笔画更加粗壮、圆润，字形也更加规整、复杂。这是因为金文是通过铸造工艺留在青铜器上的，工艺相对复杂，所以书写者有更多的时间和精力去精心雕琢每一个字。例如，著名的毛公鼎上面铸刻了近500字的铭文，内容丰富，涉及政治、经济、文化等多个方面，其文字笔画饱满，结构严谨，展现了金文的高超艺术水平。

金文的内容主要包括祭祀典礼、征伐纪功、赏赐册命等，这些铭文为我们研究商周时期的历史、政治、文化等提供了珍贵的第一手资料。从金文中，我们可以了解到当时的社会制度、战争情况、人际交往等，感受到那个时代的风云变幻。

青铜器上的金文

### 三、篆书：规范与统一的象征

春秋战国时期，诸侯割据，各国文字出现了较大的差异，这给文化交流和国家统一带来了一定的阻碍。秦始皇统一六国后，推行"书同文"政策，以小篆为标准字体，统一全国文字。小篆是在大篆的基础上简化而来的，它的笔画更加规整、匀称，线条婉转流畅，结构对称平衡，具有很高的艺术美感。

秦朝的李斯是小篆的主要推动者和代表书法家，他的《峄山碑》是小篆的经典之作。碑文中的字笔画粗细一致，藏头护尾，如行云流水般自然流畅，展现了小篆的独特魅力。小篆的统一，不仅在政治上加强了中央集权，促进了国家的统一和稳定，在文化上也为中华民族的融合和发展奠定了坚实的基础，使得不同地区的人们能够通过文字进行有效的沟通和交流。

李斯《峄山碑》中的小篆

### 四、隶书：汉字演变的关键转折

在小篆通行的同时，民间还流行着一种更为简便的字体——隶书。隶书是由篆书简化演变而来的，它将篆书圆转的笔画改为方折，简化了结构，提高了书写速度。隶书的出现，是汉字演变史上的一次重大变革，它打破了篆书的规整和严谨，开启了汉字由古文字向今文字演变的大门。

隶书的发展经历了秦隶和汉隶两个阶段。秦隶，也叫古隶，是隶书的早期形态，它在一定程度上还保留了篆书的痕迹，但已经开始出现了隶书的一些典型特征，如笔画的简化、波磔的出现等。秦隶的产生，主要是为了适应当时社会对文字书写速度的需求，尤其是在官府的公文往来中，隶书因其简便快捷而得到广泛应用。

到了汉代，隶书发展成熟，达到了鼎盛时期，史称汉隶。汉隶的笔画更加规整、舒展，波磔分明，具有强烈的节奏感和装饰性。著名的汉隶碑刻如《曹全碑》《乙瑛碑》《礼器碑》等，各具特色，有的秀丽端庄，有的古朴雄浑，有的刚健挺拔，充分展现了汉隶的丰富内涵和艺术魅力。

《曹全碑》以其秀美的笔画和匀称的结构而闻名，碑文中的字线条圆润，波磔如燕尾般飘逸，给人以清新雅致之感；《乙瑛碑》则字体端庄，笔画规整，结构严谨，体现了汉隶的正统风范；《礼器碑》的笔画刚劲有力，瘦硬挺拔，在规整中又蕴含着变化，具有极高的艺术价值。这些汉隶碑刻不仅是书法艺术的瑰宝，也是研究汉代历史、文化和社会生活的重要史料。

隶书的出现，彻底改变了汉字的书写形态和结构，使汉字更加简便易写，为汉字的普及和传播奠定了基础。它是汉字演变史上的一个重要转折点，从此，汉字的书写更加自由灵活，也为后来楷书、行书、草书的发展开辟了道路。

东汉《曹全碑》中的隶书

### 五、楷书、行书与草书：书法艺术的多元绽放

魏晋南北朝时期，汉字的演变进入了一个新的阶段，楷书、行书和草书逐渐成熟并流行起来。楷书，也叫正楷、真书，是由隶书演变而来的一种字体。它的笔画规整，结构严谨，具有很强的规范性和实用性，是现代汉字书写的主要字体。

　　楷书的发展经历了漫长的过程，三国时期的钟繇被认为是楷书的创始人之一，他的楷书作品古朴典雅，具有浓厚的隶书韵味。东晋时期，王羲之、王献之父子将楷书推向了新的高峰，他们的楷书作品笔法精妙，结构优美，风格独特，对后世楷书的发展产生了深远的影响。

　　唐代是楷书发展的鼎盛时期，出现了欧阳询、颜真卿、柳公权等众多楷书大家。欧阳询的楷书笔力险峻，结构紧凑，如《九成宫醴泉铭》，字体端庄秀丽，刚劲有力；颜真卿的楷书则气势磅礴，雄浑大气，他的《颜勤礼碑》《颜氏家庙碑》等作品，笔画粗壮，结体宽博，展现了大唐盛世的恢宏气象；柳公权的楷书以骨力劲健著称，其代表作《玄秘塔碑》《神策军碑》等，字体瘦硬挺拔，骨感十足，颜、柳二人有"颜筋柳骨"之美誉。

欧阳询《九成宫醴泉铭》中的楷书

行书是介于楷书和草书之间的一种字体，它既具有楷书的规整，又具有草书的流畅，书写速度较快，实用性和艺术性兼备。东晋王羲之的《兰亭集序》被誉为"天下第一行书"，全文 28 行，324 字，笔锋流畅，气韵生动，如行云流水般自然洒脱，展现了行书的最高艺术境界。唐代颜真卿的《祭侄文稿》，则以其悲愤激昂的情感和独特的笔墨韵味，被称为"天下第二行书"。

颜真卿《祭侄文稿》中的行书

草书是汉字书写中最为自由奔放的一种字体，它简化了笔画，省略了结构，以笔画的牵连和呼应来表达书写者的情感和意境。草书可分为章草、今草和狂草。章草保留了隶书的一些特点，笔画带有波磔，书写相对规整；今草则更加流畅自由，笔画连绵不断；狂草则是草书的最高境界，其笔画纵横交错，

气势磅礴，如唐代怀素的《自叙帖》、张旭的《古诗四帖》等，
都是狂草的经典之作。这些作品以其独特的艺术魅力，展现了
草书的无穷魅力和书法家们的卓越才华。

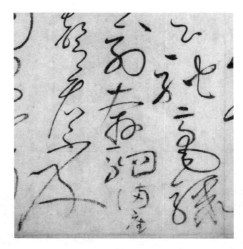

怀素《自叙帖》中的草书

### 六、现代汉字：传承与创新的融合

随着时代的发展，汉字也在不断地演变和发展。在近代，
为了适应社会的变革和文化的交流，汉字经历了一系列的简化
和规范。1956 年，国务院公布了《汉字简化方案》，对一些笔
画繁琐的汉字进行了简化，大大提高了汉字的书写效率和普及
程度。同时，国家还对汉字的字形、字音、字义进行了规范，
制定了统一的标准，使得汉字的使用更加规范、统一。

如今，在信息时代的浪潮下，汉字又迎来了新的机遇和挑
战。随着计算机技术和互联网的普及，汉字的输入方式发生了
巨大的变化，从传统的手写、打字到现在的语音输入、手写识

别等，汉字的传播和应用更加便捷。同时，汉字也在不断地创新和发展，新的词汇、新的表达方式不断涌现，如网络流行语、外来语等，丰富了汉字的内涵和表现力。

现代汉字"婺"

中国汉字的演变历程，是一部充满传奇色彩的历史画卷。它见证了中华民族的兴衰荣辱，承载着华夏文明的深厚底蕴，从远古的甲骨文到现代的简化字，每一个阶段都蕴含着无数先人的智慧和创造力。在未来的岁月里，汉字将继续传承和发展，绽放出更加绚烂的光彩，为人类文明的进步做出更大的贡献。

后记

　　在华夏大地源远流长的历史长河中，中国书籍的发展历程宛如一部波澜壮阔且充满创新与变革的雄浑史诗。它不仅是无声的见证者，目睹了中华民族数千年来智慧的熠熠生辉与创造力的蓬勃迸发，更像是一座厚重的精神宝库，承载着无数先人的深邃思想和细腻情感。

　　回溯往昔，从远古时期镌刻在龟甲兽骨上的甲骨文，那是汉字的早期形态，也是最初的知识记录，仿佛在静静诉说着古老先民的生活与信仰；到竹简木牍，以狭长的竹木片承载文字，串联起历史的脉络；再到纸张发明后，线装书的盛行，墨香在书页间流转，传承着历代文人墨客的诗词歌赋、经史子集。直至现代，数字图书以全新的姿态崛起，打破了时间与空间的束缚，海量知识触手可及。每一种书籍形式的诞生，都绝非偶然，它们紧密地与当时所处的社会结构、经济发展水平、文化艺术氛围交织在一起，相互影响、相互促进。这些形态各异的书籍，宛如一颗颗璀璨的明珠，共同串起了中国丰富多彩、底蕴深厚的图书文化。

　　如今，身处这个信息爆炸的时代，科技的飞速发展让书籍的载体从纸质跃入数字云端，传播方式也从传统的口口相传、书店售卖转变为互联网的即时分享。尽管外在形式发生了翻天覆地的巨大变化，但无论时代如何变迁，深深扎根于人类内心深处的，对知识如饥似渴的渴望，以及对文化纯粹而炽热的热爱，始终坚定不移，从未改变。

在这纷扰繁杂的世界里，让我们怀着一颗敬畏之心，珍惜每一本或古朴厚重、或轻盈灵动的书。当我们翻开书页，便开启了一场与作者、与历史、与无数思想碰撞交融的奇妙旅程。用心去阅读，让文字的力量在心灵深处泛起涟漪；用心去感悟，体会字里行间蕴藏的人生哲理与世间百态。在这浩瀚无垠的书的海洋中，尽情地汲取智慧和力量，让中华民族优秀的文化传统在我们手中薪火相传、发扬光大。我们更要将这份文化的力量融入到生活的方方面面，为推动人类文明的进步添砖加瓦，贡献出属于自己的一份绵薄之力，让文明的光芒照亮未来的每一段征途。